「敏感すぎて苦しい」がたちまち解決する本

HSP＝敏感体質への細やかな対処法

浜松医科大学名誉教授
高田明和

廣済堂出版

はじめに

話している最中に、ふと相手の表情が変わったことに気づき、

「退屈しているかしら？」

「わたしの話が面白くないんだろうか？」

と不安になり、自信を失う。

人から大声で何かを言われると、

「何かミスしたのかしら」

と叱られているような気になり、動悸が早くなる……。

道を歩いていると車のブレーキ音にびっくりしたり、電車のなかで耳にした子どもの泣き声に、自分も一緒に泣きたくなったりする……。

「どうしたの？　何かあった？」

「そんなに驚くようなこと？」

などと聞かれても、冷静に考えれば、単に心配してくれているだけなのに、責められ

ているような気がする。

どんなことにも動じない人がいる一方で、こんな風に「さ さいな」ことでクヨクヨと思い悩んだり、動揺したり、振り回されてしまう人もいます。

私自身何年も、いえ、何十年も、自分の「敏感なセンサー」に悩まされてきました。

部屋に入った途端、なかにある空気の粒子が見えることもあります。

「空気を読む」とは、その場の雰囲気をいち早く察し、場に適した対応をすることですが、私自身には察するどころか「空気の構造」のようなものが目に見えるのです。

部屋の空気は格子状のような形で、色はセピア色……。

そんな「格子状の空気」が部屋に広がっているときは、部屋のなかにいる人たちが自分を拒絶している、「入るな」という言葉がまさに**聞こえてくる**のです。

しかし、その場所に呼ばれた以上、「空気が格子状になっているから帰ります」とは言えません。

格子状の空気を押すようにして部屋に入った途端、もう苦しくてたまらない。

まさに空気が足りなくて息が苦しくなってくる……。

そんな場所での会議や話し合いがうまくいくはずもなく、事実「断るための口実」だったり、いい話だったことはありません。

自分の「感受性のセンサー」がわずかなことにも反応して、警告を発し続ける。

それは今、現在だけのことではなく、時間や空間を超えた過去や今そこにいない場所での出来事でさえ察知してベルを鳴らし続けるのです。


本書を手に取ってくださった方は、自分の「敏感さ」に悩み、苦しみ、ときには「こんなに弱くてどうするんだ」と自分を情けなく思っている方なのではないでしょうか。

しかし、「小さなことにクヨクヨする」のは性格ではなく、**HSPという「気質」**が原因である可能性があります。

こう唱えるのはアメリカの心理学者エレイン・N・アーロン博士です。

彼女自身が、自分の敏感さに悩み、苦しみ、そのため自分の内面を探り、さまざまな調査や研究をつづけた結果見出したのが「HSP」です。

生物のなかでおおよそ二割、人間でいえば五人に一人がこの能力を授かった。

詳しくは本書のなかで述べますが、これは、**危険に満ちた世界のなかで、人類が二割**

の人々に託した「能力」と言えましょう。

しかし、その「敏感さ」ゆえに、彼らは常に内外の、さまざまな警告に翻弄《ほんろう》されます。

小説やドラマで、超能力者や巫女《みこ》といった人々が、その能力を使ったあと、ものすごい疲労感に襲われているシーンをご覧になったことはないでしょうか。

何時間も、何日も眠り続けたり、ぐったりと椅子にもたれかかったまま動けないでいる。

しかし、超能力者と違い、HSPである彼らには自分が「なぜこんなに疲れるのか」「なぜこんなに苦しいのか」、その理由がわからない。

原因がわからないゆえに、余計に苦しいのです。

「あなたが苦しいのは、HSPのためなんですよ」

アーロン博士のこの概念を知ったとき、私はとても衝撃を受けました。

そして**「助かった」という安堵感**を抱きました。

なぜなら、私が長年苦しんできた「さまざまなこと」は、私に生まれつき備わっているセンサーが人一倍、いいえ、人の何倍も感度がよかったからだったのです。

あなたの持っているセンサーは生まれつき感度が高い。

それゆえ煩わされ、振り回されることもあるけど、**「高感度センサー」の取り扱い方を学びさえすれば、それは大きな能力や才能を生む最強の武器になる。**

アーロン博士はこう提唱します。

その敏感さは、まさに天から与えられたギフト、才能です。

創造的、かつ豊かな人生を送るために不可欠な要素なのです。

実際、アインシュタインや作家のカフカ、漱石、ゴッホなどはＨＳＰだったと言われています。

現代でも芥川賞作家の又吉直樹氏、村上春樹氏などには、間違いなくこの傾向があると思います。

では、「敏感さ」に振り回されることなく、それを「飼いならす」ためにはどんなことに気を付ければいいのでしょうか。

本書では、それをできるだけ具体的にご紹介していきます。

目次▼「敏感すぎて苦しい」がたちまち解決する本

第一章　いつも誰かに振り回される

Contents

第二章　過剰な敏感さ＝ＨＳＰが、苦しさの原因だった

Contents

第四章　もう他人に振り回されないために
――自分を守る「魔法の言葉」を手に入れる

Contents

第五章 「チョー敏感な人」に起きやすい10の「困った」・かんたん対処法

第一章

いつも誰かに振り回される

この章では「チョー敏感な人」はなぜ人に振り回されてしまうのか、その理由を考えていきたいと思います。

HSPを、この本のなかでは「チョー敏感な人」と前向きな言葉で説明していきます。「チョーかっこいい」というように、「チョー敏感な人」は、その敏感さにおいて、普通の人より何倍もの「敏感さ」「繊細さ」を持っているからです。

人一倍感度の高いセンサーを備えているのです。

それゆえ、そのセンサーは余計なモノ、本人には不必要なモノまで捉えてしまいます。

人間関係でも同じです。

私たちの**悩みのほとんどは「人間関係」**だと言われています。

普通の人でも悩み多い人間関係です。

まして、「チョー敏感な人」にとっては悩みを通り越して苦痛、身体に変調をきたす人も多い。本来ならスルー（無視）したほうがいい人や言葉、態度、しぐさが引っ掛かり、本当に必要なものの侵入を邪魔するからです。

人間関係は職場とプライベートの二つに分けられますが、まずは、職場の人間関係で

「チョー敏感な人」が陥りやすい特徴から見ていくことにしましょう。

ミスがきっかけでプチうつに

「今ごろこんなミスをするなんて！　新人でもあるまいし」

A子さん（25歳）が上司にこう**叱責された**のは、入社して二年目のことでした。

「二年も経って、こんな初歩的なミスをするのか、君は」

こう言われたあと、

「買いかぶりすぎていたな」

実際には口にされてはいない、**彼のこんな胸のうちの言葉がはっきりとA子さんには聞こえました**。

彼女としては、言い分もあったのですが——前任者がちゃんと説明してくれなかった。前任者を信頼して取引先に確認を取らなかった——それさえもっと初歩的なミスにはちがいありません。

彼女は上司の**怒鳴り声**で**冷静さを失い**、その場に凍りつき、何も言えなくなってしまったのです。

　ぐったりして帰宅したA子さんは、あまりの疲労感にすぐにベッドに入りましたが、

「私はもうダメだわ」

「見放されてしまった」

「せっかく何倍もの競争率を潜《くぐ》り抜けて入った会社なのに、おしまいだわ」

「これまでの夢が壊されてしまう」

などと悲観的な考えで頭がいっぱいになり、なかなか眠れません。

ちょっとうとうとしたかと思うと、「寝ている場合じゃないでしょ！」と、誰かが口走り、目が覚めてしまいます。

「……眠らなきゃ、明日、またミスを犯すことになるかも……」と努力しますが、会社のこと、上司のことを考えると、余計に眠れなくなってしまいました。

　以来、彼女はその上司に似た声や体格の男性を目にすると、あのときの**出来事が再現された**かのように、恐怖と不安に襲われ、胸がどきどきして脂汗がにじんでくるようになりました。

　会社に着くと、まずあの上司がどこにいるのか確認してしまいます。彼女のデスクか

らは死角になっているのは幸いでしたが、彼がいつこっちに向かってくるのか不安です。身体もそれを察知するのか、彼のいる方向、つまり右側の肩が凝るようになってしまいました。彼の声を聴くと、身体がびくっと反応して、声のする方向の身体が硬くなるのです。

A子さんは、女子高から女子大に進み、家庭でも父親は穏やかな性格でこれまで男性から怒鳴られたことがありませんでした。

そのせいか男性の大きな声が苦手で、授業中に校庭から聞こえてくる体育教師の「もう一周回れ！」「なにぐずぐずしているんだ」という声さえ心地よいものではありませんでした。

「いい子」を求められることが多く、常に自分のやりたいことより、親や教師、周りの期待通りの行動をとるようになっていました。

いわゆる「サプライズ」も苦手で、レストランに行ったとき、いきなり中からクラッカーのパンパンという弾ける音が聞こえてきたときには、心臓が飛び跳ねるくらい驚き、思わず引き返しそうになったほどです。驚きのため涙さえ出てきて、

「いや、あんまりうれしくて涙が出てきちゃった。……ありがとう」

その場ではうまくごまかしたものの、食事の最中もぎくしゃくした雰囲気。

「～せっかく喜ばそうと思ったのに」

A子さんの微妙な喜び方に、計画を立てた友達の一人からは「……私、余計なことした？」と、責めるような言葉が聞こえてくる気がします。

「どうして私って、こんなにびくびくしているんだろう」

レストランから帰った夜は、友人たちへの罪悪感からつくづく自分が嫌になってしまいました。以来誕生日をなるべく友達に言わない、その日はできるだけ出かけないようになりました。

「あなたはHSPでは？」に救われる

さて、上司に叱責されてからは、「臆病さ」「敏感さ」「大きな声や音」にびっくりしてしまう「気の弱さ」などを以前より意識するようになりました。

まるで、これまで一生懸命に隠していた（抑圧していた）自分という箱にヒビが入り、中から「弱い」自分がこぼれだしてくるようです。

会社では常に彼を意識するあまり、仕事に集中できない。集中するのに、エネルギーのほとんどを使うので家に帰るともうぐったり、何もすることができません。

仕事で、小さいながらまたミスをしてしまったA子さんは、上司に何か言われる前に会社を辞めることにしました。

これ以上、耐えられなくなったからです。

「先生、私はうつ病でしょうか？」

私に会うと開口一番、A子さんはこう切り出しました。

「病院に行ったほうがいいとわかっているのですが、それもまた苦痛で。まず先生のお考えを聞いてから、よい病院を紹介していただきたいと思って」

話を聞いてみると、確かに精神科に行けば「軽いうつでしょう」と言われるような症状です。

しかし、彼女の話には、「うつ病」とは異なるいくつかの気になる箇所があります。

じっくりと彼女の話を聞いたあと、私は言いました。

「あなたはうつ病ではなく、ＨＳＰではないでしょうか」

「ＨＳＰ？」

聞き慣れない言葉に、彼女は不審そうな表情をします。

「はじめに」でも述べたように、この考えを提唱したアメリカの心理学者エレイン・Ｎ・アーロン博士自身も、繊細で敏感な神経の持ち主でした。

自分でも、あまりの「繊細さ」「敏感さ」に悩んでいた博士は、「弱虫」「臆病」「ちょっとヘンなんじゃない？」などと言われ続けてきました。

その結果、自分でも「致命的な欠点」があると思い込み、苦しみ、身体の苦痛を味わい、「他人に振り回され」生きる運命にあるのだと信じてきたそうです。

しかし、あるセラピーで「あなたは敏感過ぎるのよ」と言われたことから、自分のなかにある「敏感さ」を探る旅に出かけようと決心したと言います。

その研究から、「私には**致命的な欠点があるわけではない、単に周りの人より繊細、敏感過ぎるだけ**」なんだと気づいたのです。

ＨＳＰとは、(Highly Sensitive Person) の頭文字をとった言葉で、日本語に訳せば、「とても繊細な人」、一般的には「とても敏感な人」と言われています。

どの社会にも15％から20％の割合で存在し、人類だけではなく猫や犬、昆虫など、あらゆる生物が生き延びるために必要な「気質」だと彼女は提唱しています。

20％とは、おおよそ五人に一人。つまり五人に一人は、残る八割より敏感で、ある種の刺激に対して非常に反応しやすいセンサーを備えているのです。

音や匂い、人など目に見えるものに敏感に反応するだけではなく、「空気」や電磁波、「自分の身体の内部」、超常現象といった「目に見えないもの」にも反応する人もいます。

敏感であるがゆえに、ほかの人が感じない「危険」を察知して、危険を避けるための行動をとるのです。

私自身、長いあいだ、「人の気分に右往左往してしまう」自分の「性格」に振り回され、悩んできました。

あるときには、宗教にさえすがりました。

「うつ病だ」と思い込み、睡眠薬などの薬に頼ったこともありました。

「敏感さ」ゆえに、うつに似た症状を起こし、医者からもそう診断され、薬を処方されている人は多いのではないでしょうか。

ほかにも「親や友人に振り回され」ている多くの人、無菌・無臭状態じゃないと我慢できず、次々と抗菌グッズを購入する人など、「**隠れHSP**」が増えているようにも思えます。

増え続けるストレス、いじめ……、HSPが、自らの気質を知らないまま悩み苦しんでいるケースがどんどん増えています。

HSPについて、より多くの人、特に会社で上に立つ人、学校関係者が知ることは、今やパワハラやモラハラ同様に必要不可欠になっているのです。

大ヒット「アナ雪」のエルサの苦しみ

数年前『アナと雪の女王』というディズニーのアニメが大ヒットしました。

ご覧になった方も多いと思います。

雪の女王エルサは、触るものすべてを凍らせることができる魔法の力を持っていました。しかし、幼い頃、その力で妹のアナを傷つけてしまい、親から「その魔法＝能力を使ってはいけない」と封じ込まれてしまいます。

エルサは、親の言う通り、自分の力を封印してきましたが、妹が結婚すると言い出したとき、反対するあまり喧嘩に。コントロールを失ったエルサは、隠していた「魔法のパワー」で、夏だった自分の国を永遠の真冬に変えてしまいます。

怪物呼ばわりされ王国から逃げ出したエルサは、奥深い山にたどり着き、そこに魔法で氷の城を建て、一人閉じこもって生きる決心をするのです。

う……ん、このエルサって、A子さんの例に似ていませんか。

エルサもHSPではないでしょうか。

親からの「刷り込み」で、「その能力を封じ込めろ」と言われたエルサ。

そのため、自分の能力を発揮できず、些細なことに**過剰な反応**をしてしまうエルサ。

自分の持っている力を**欠点**と思い込み、閉じこもってしまうエルサ。

そして、こういう人が増えているからこそ、映画は多くの人の共感を呼び大ヒットしたのではないでしょうか。

多くのHSPの悩みもエルサと同じです。

しかし、エルサがその「力」をコントロールする方法を学んだときから、それは「人々を楽しませる」大きなパワーになりました。

A子さんやこの本を開いているあなたも同じです。

いま、あなたを苦しめたり、生きづらくしている**「敏感さ」「繊細さ」は、決して欠点ではありません。**

「強いことはいいことだ」「怖いモノ知らず」を「長所」とする今の社会の80％の人たちに、そう「思わされて」いるだけなのです。

「敏感さ」は大きな能力、才能です

あなたには、普通の人は持つことのできない「高性能のセンサー」が備わっています。

これは何度繰り返してもいい言葉です。

自分の脳にしっかりと刻みつけましょう。

エルサと同じように、あなたも、自分の「敏感さ」をコントロールする術を見出し、学習していきましょう。

この本を読み終える頃には、あなたは雪の女王のように、魔法の使い方を覚えたハリー・ポッターのように、自分の能力、才能を生かす道を考えるようになっていることでしょう。

まずは、いくつかの事例からHSP、「チョー敏感な人」の特徴を紹介していきます。

恋人やパートナーの言いなりになる

「近づきたいの、きみの理想に……」

こう歌ったのは、宇多田ヒカルですが、B子さんは、恋人に限らず「相手の欲求、要求」に素早く気づき、先回りしてしまうことがよくあります。

一緒に歩いているとき、彼がふと見た女性を、「ああ、こういうタイプの女性が好みなんだわ」と思い込み、いつのまにかその女性と似たようなファッションを選んでいることも。

彼の思っていることが、実際に「**聞こえて**」くることもあります。

幻聴というのではなく、夢を見ているときのように彼の言葉が聞こえてくるのです。

ショッピングに行ったときのことです。

彼女はカジュアルなファッションが好みなのですが、ブティックの前を通っているとき、彼がその店のウインドウを見て、「ああ、こんな洋服を着た女性と歩いてみたい」。

そんな「彼の声」を耳にして、突然引き返し、その店に入ったこともあります。

恋愛の初期には、「相手の好み」に合わせようとする人は多いのですが、B子さんの場合は、その人と付き合っている間、ずっと続きます。

レストランや映画などで相手の好みを優先し、楽しいはずのデートも家に帰る頃にはぐったり。

「自分が相手に取り込まれ、自分ではなくなっていくような気がする」

とB子さんは言います。

そのくせ、「あのときの彼はこうしたかったんじゃないかしら」「急に不機嫌になったけど、何か悪いことを言ったのかしら」

と、その日の出来事や彼の言葉、自分の言動などが頭のなかをぐるぐる回って、後悔したり、反省したりしてしまいます。

相手に対し「気遣い」をするB子さんですが、しばらくすると、「君と一緒にいても楽しくない。気持ちを先回りされて、気が重いんだ」と別れを切り出されてしまいました。

自分を抑えて、相手に合わせながらも、結局傷つけられてしまう。そんなことを繰り

返してきたB子さんですが、そうなっても、どこかで「やっぱり」と納得している自分がいることにも気づいています。

態度の大きい人、自信たっぷりの人の態度、言葉に逆らえない

私自身も、同じように人の気持ちを気にしすぎて、振り回され、苦しんできました。

私は、大学の医学部を卒業したあと、大学院に進み、その後アメリカの研究所に招聘《しょうへい》されました。アメリカではマイペースで仕事ができたのですが、日本に帰ってから問題が起こり始めました。

日本は「ＫＹ」つまり、「空気を読めない」人への評価がとても低い、ときには「罵倒《ばとう》」されることもあるほどです。

というのは、マイペースで仕事をしていると、どこからともなく私への悪口、非難が聞こえてくるのです。

最初こそ、それらの言葉を無視していましたが、あまりに悪意を感じるそれらの言葉に、いつしか高感度センサーが、赤信号を発し始めたのでしょう。

あるとき、会議中の部屋に入ると、部屋の空気に異変を感じます。空気の色が汚れたセピア色になっています。

これはなんだ、と目を凝らすと、空気を構成する酸素や窒素といった粒子がひどく乱

れているのです。会議がうまく進んでいないのか、誰かが怒りを発しているのが、空気から伝わってきます。

落ち着かないままに席に着きましたが、やはりその会議は意見がまとまらず、不平と不満、そして怒りを残したまま終わりました。

会議を取り仕切る人は学内の実力者でした。自分の意見が通らなかったことに不機嫌をあらわにしており、机の上にあったバインダーを取るときの素早いしぐさ、少し遅れてきた私を**責める目つき**。出ていくとき立てたドアの大きな音に私の身体は反応します。会議が終わっても、その「空気」が体にまとわりつき、彼をはじめ同僚までが私を責めているのが感じられます。

態度の大きい人、自信たっぷりな人、威圧的な人。

「チョー敏感な人」は、こういう人の前に出ると、無意識のうちにおびえ、機嫌を伺っています。幼い頃から、両親など「力のある人たち」の言うことを聞くように「刷り込み」がされているからです。

そこから自由になる方法を、のちほど詳しく説明しますが、まずはこのことを覚えておいてください。

人の影響をうけやすい

人の言いなりになったり、権威ある人の言葉に逆らえなかったりなど「人に振り回されやすい」のは、**人との境界線が薄いためです。**

そのため、大事な自分の人生さえ、間違って選んでしまう人がいます。

知人の息子も危うく、自分の資質とは合わない方向に進みそうになったことがあります。

IT起業家を目指していたG君のケース

仮にG君と名付けることにしましょう。

G君は幼い頃から、人見知りで人とのコミュニケーションがうまく取れず、そのせいで仲間外れにされていました。元気で活発、友達の多いことが「いい子」の基準とされるいまの社会＝学校では、「臆病」「何考えているのか不明」などと言われ、いじめの標的にされることが多いのです。

しかし、成績がよかった彼は、猛勉強して、医学部に入ることができました。

ＨＳＰは、その能力がプラスに働けば、非常に優秀な人が多いのです。これはまたのちほど詳しく説明したいと思います。

さて、そのＧ君に事件が起きたのは、大学二年のときです。

彼はいきなり「ＩＴ関係の仕事に就きたい」、そのため医学部を退学すると言い出したのです。

「どうしたらいいでしょうか？」

相談に来た両親は、ほとほと疲れた様子です。

当時は、ホリエモンなどＩＴ関係に進んだ人が脚光を浴びており、これからはＩＴの時代だと喧伝《けんでん》されていたものです。

実際、起業して成功した人も多く、将来有望な仕事として多くの人がこの道に進みました。

Ｇ君も、大学時代の他学部の知り合いがこの道に進んだことから、

「これからは医学部ではなくＩＴだよ」と言われたのです。

医学部に進んだくらいですから理数系には強く、また趣味でパソコンをいじったり、改良するなど、その方面にも強く、興味もあったのですね。

しかし、じっくり話を聞くと、決して起業するタイプではない。

友人の手伝いをしながら自分もいずれ起業を目指したいと言っていましたが、経営には向かないタイプです。

一人でじっくりパソコンに向かうのには適しているのですが、経営となると人の交渉など、さまざまな能力が必要です。

G君とじっくり話しあい、とにかく今は医学部を卒業して、そのあと、まだ興味があったらそのとき考えても遅くないのではないか、と私は彼を諭《さと》しました。

納得したG君は、その後熱が冷めたかのように「学校を辞める」とは言わなくなりました。

医師免許もとり、無事に医者になったG君は、その後医師として活躍しながら、画像や研究面でパソコンを使いこなし一段と優れた能力を発揮しています。

あのとき、IT系の道に進んでいたら、彼は「自分はパソコンをいじるのが好きなのに、どうしてこんなに疲れがひどいんだろう」と悩み続ける毎日を送っていたかもしれません。

そんなG君を想像すると私まで冷や汗が流れる思いがしました。

外資系に憧れたK子さんのケース

英語が好きだったK子さんは、海外支店を数多く持つ日本企業に就職しました。

入社試験では、TOEIC（英語を母国語としない人の英語によるコミュニケーション能力を試す試験）の点数の高さを強調し、そのおかげで入社できたとK子さんは言います。

ですから当然、仕事で英語力を生かしたいとの気持ちが強いのです。

ところが配属された部署では、その英語力は発揮できません。海外から来た資料の翻訳、ときおり訪れる外国の人の案内といったレベルです。

入社して3年目、上司に小さなミスを取りざたされたことから、転職したいと願うようになりました。

ミスを指摘されたK子さんは、「自分には高い英語力がある」と自分を慰めていましたが、以来その上司から「バカにされている」「下に見られている」と落ち着きません。

ある合コンに参加したとき、外資系の女性が来ていました。

興味が先立ち、こう話しかけてみました。知らない人に自分から話しかけることはめったにないのですが。

「どんなところ？」

「もう女性も男性も関係ないの。実力本位だから気持ちがいいわ」

「上も下もないのよ。間違っていると思ったら上司にだってはっきりモノを言っても、賞賛されても、生意気と思われることはないわね」

「給料も日本の会社よりいいしね。それでももっといい給料とポジション求めて転職する人も多いわよ」

「これからは自分の能力を試すためにも、どんどん転職する時代よ」

彼女は意気揚々と主張します。

その姿は同じ女性として頼もしく見えました。

参考のためにと、ＴＯＥＩＣの点数を尋ねてみると、Ｋ子さんより低いではありませんか。

「私だって、外資系に勤めることができるかも」

合コンにもかかわらず、K子さんは、始めから終わりまで、この女性と話していました。

「いい男性がいないわね。帰ろうと思っていたところだから、あなたの参考になれば、それはそれでよかったわ」と彼女も言ってくれます。

K子さんは、ひそかに転職活動を始めました。

外資系の女性は、ことあるごとに相談に乗ってくれます。

そしてある会社に採用が決まり、今の会社に退職届を提出。

自分のミスを指摘した上司を見返すような爽快な気分です。

しかし、その後外資系に勤めたK子さんですが、結局は身体を壊し、辞めることになってしまいました。

会社の風土が合わなかったのです。

すべてが「金」に還元され、お金を稼ぐものがエラい。

仕事の上でも、大勢の人の前でのプレゼン、会議……と、人とのコミュニケーションというより、彼女には人との「戦い」に思えたのです。

ズバズバと大声で自分の意見の正当性を述べる人々。自分がいかに優れているかを主張する人々。

そんな人たちのなかにあって、はっきりと意見を言わないK子さんは、まったく無視されているように思えました。

「給料泥棒……」

こんな言葉さえ聞こえてきます。

慢性的な疲れに襲われるようになった彼女は、ついに退社。自宅療養の日々が続きました。

しかし、もともと本を読むのが好きなK子さん、ある本で自分が「チョー敏感な人間」だと知り、自分が「どんなことに敏感に反応」し、「どんなことなら得意」なのかを見つめるようになりました。

同じ英語が得意といっても、人と話すことと読むことは違う。

彼女はかつて、大好きな本を原書で読み終えたときの震えるような歓びを思い出しました。

そう、彼女の場合、英語力は、翻訳のほうにこそ向いていたのです。

彼女は、翻訳の勉強を始め、その能力を開花させ始めています。

その上、自分の好きな土地の好きな景色や場所を案内できるガイドの資格も取ろうと勉強を始めました。

「静かな生活」や「内面をみつめる」ことが好きなのも「敏感な人」の特徴です。

遠回りしながらも、G君やK子さんは、自分を生かす道を見つけた幸せなケースです。

他人からの異なる評価がいちいち気になる

「D子さんってクールに見えるけど、本当は優しい親切な人なのよね」

転勤してきた2歳年下のFさんにこう言われたD子さんは、その日ずっと上機嫌でした。

「……そうか、私って本当は優しい人なんだ」

D子さんは、それまで「あまり人と一緒に行動しない冷たい人」と周囲の人たちに思われていました。

人と話すのが苦手で、とくに噂話や妬《ねた》み、皮肉めいた口調といった話には同調できません。仕事中はできるだけ無駄話はせず、会社帰りにも同僚との付き合いも避けていました。最初こそ無理して食べ歩きに付き合っていたのですが、話のほとんどが、「恋バナ」「だれかいい人いないかな」もしくは同僚の話なのにうんざりしたのです。

F子さんは、会社でも明るく人気者で、気遣いも上手。D子さんは、彼女のお陰で会社生活が楽しくなりそうでウキウキです。

「D子さん、私、ちょっと急ぎのことやっているから、これをやっておいてくれない？」

こんな頼み事をされるようになるのに、そんなに時間はかかりませんでした。

「……お願い」

F子さんは、両手を合わせて笑顔でいろんな用事を頼んできます。

「だってD子さんにしかお願いできないんだもの。優しいでしょ、D子さん」

笑顔で言われると、断るどころか、

「もっとやることあったら遠慮なく言ってね」などと口走っている自分に気づいて驚いてしまいます。

一方、同僚のなかでは一番できると言われているK子さんに、

「あなた、あの人、誰にでも自分の仕事を押し付けているのよ。さすがにクールなあなたでも、彼女のパワーからは抜けきれないのね」

そう言われた途端、D子さんは、頼まれた仕事をやるのがばかばかしくなってきます。

「わたしって、クールで冷たいと思われているんだから、自分の時間を使ってまで、F子に親切にしなくてもいいわ」

断固断ろう、とF子さんのところに足を運ぶD子さんですが、F子さんの「この会社で優しくて親切なのはD子さんだけ」の言葉に、仕事の束をそのまま持ち帰ってしまいました。

「冷たい」「親切」「優しい」といった人を表す言葉は、実は**非常にあいまいで実態がありません**。ある人にとっては「親切」なことが、ほかの人には「冷たく」思えることもあるからです。

しかし「チョー敏感な人」は、言葉の捉え方も繊細で、他人の言葉を、自分が考える「親切」、自分が考える「クール」に転換してしまいます。とても大切にするがゆえに、その言葉に暗示をかけられ、振り回されてしまうのです。

最近ではSNSの発達により、メル友、ブログ友など、実際に会わない人達とも知り合いになる機会が増えています。言葉だけでつながり、しぐさや雰囲気といったものは伝わってきません。

言葉だけから相手を判断し、判断されるゆえに誤解も多いものです。舞い上がったり、傷ついたり……。

ひとつの出来事も「いいね！」をつける人もいれば、嫌なコメントが来ることもあります。私はＳＮＳを否定しません。もっと積極的に活用できると思っていますが、うまく使うためには「評価」に振り回されないことが必要です。この対処法はのちに詳しく述べるとして、ここでは「言葉」の評価は曖昧なものであると覚えておいてほしいと思います。

自分への否定的な評価の声が実際に聞こえる

電車の中で化粧をしている女性を見かけたことがあります。

「ようやるわ、化粧は家でしてくれればいいのに」と思いながら、気になって目を逸《そ》らせずにいると、その女性がこちらをチラと見て、

「うるせえんだよ！」

確かにそう聞こえたのです。

私はびっくりして周囲を見回しましたが、皆何事もなかったように表情一つ変えていません。

隣に座っていた妻を見ても、彼女も前を見て座ったままです。

「ああ、また聞こえたな……」と私は思いました。

何度か、こういう経験をしています。

口にされていない言葉、それも自分への否定的な評価が、実際に聞こえてくるのです。


浜松医大にいた頃、ラグビー部の顧問についていたことがありました。

ラグビーなどやったこともないのですが、形だけでも必要ということで引き受けたのです。できることといえば、選手たちを飲みにつれていき激励したりするくらいです。

頼りない顧問ではありましたが、選手たちは猛練習に励んだのでしょう。なんとある大会で優勝したのです。

何もできなかったとはいえ、顧問としてはうれしい。大学の廊下で、キャプテンに出会ったとき、「おめでとう」と声をかけました。すると、彼から、

「お前の知ったことじゃないよ！」

という声が聞こえてきたのです。

実際には、彼は「はい」と一言発しただけです。

にも拘わらず、そんな声が私の耳に飛び込んできた。彼の胸のうちが声になって聞こえたのだと思いました。

「どうして？」と聞かれても、理由はないのです。

論理的に説明すれば、過去の相手とのやり取りやしぐさ、表情から敏感に察知して、無意識のうちにそれを脳が分析、結論を導きだしているのでしょう。

こういう人は幼いときから、「期待通りのことをやってほしい」といった言葉を聞かされつづけ、常に**相手の思惑を忖度するクセ**がついています。

「それは幻聴でしょう」という説も確かにあるのですが、幻聴とは、「周りに誰もいないのに、人の声が聞こえてくる」ケースです。

私の場合は、実際に目の前にいる人の声が聞こえてくるのです。しかし、ここで、大切なのは本人には実際にその人の声が聞こえるということ。そしてその声は、「あなたっていい人ね」といった肯定的なものではないということです。

電車で化粧する女性に対して、無意識のうちに、咎《とが》めるような目で見ていたのかもしれません。ラグビー部のキャプテンには、日ごろから「何もできなくて、申し訳ない」といった引け目を抱いていたのかもしれません。

理性的な理由はともかく、「チョー敏感な人」にはたまにこういうことは起きると知っているだけでも助けになります。

「自分が変になった」「どこかおかしくなった」とパニックになる必要がなく、**「ああ、また聞こえる」**とスルーすればいいのです。

「お局さま」の巧みな人操縦法とは

女性の多い職場なら「お局《つぼね》さま」といった人が存在するものです。

彼女たちは、一見親切で面倒見が良さそうに見えます。実際に、頼りにしている人も多いでしょう。だからこそ「お局さま」になるのです。

けれどそういった人は得てして、人を自分の支配下に置きたがり、支配されない人たちを疎外しようとします。

ターゲットの女性の悪口を大声で言うのではなく、

「彼女、人のことを悪く言ったりするのよねえ」と、何気なくつぶやく。

大声で言われる悪口には人は注意するものですが、このような「ささやき」「つぶやき」「独り言めいた言葉」は、いつのまにか聞いている人の内部に忍び込み、当人を前にすると無意識のうちにその人を避けるようになるから怖い。

お局さまタイプは、このように人をコントロールする力、知恵を蓄えています。

こういったタイプの人は、「絶対的な力」を持った親に育てられた人が多く、また親の支配から抜け切れず、そのまま大人になった人が多いものです。そして今度は、自分の子どもに対しても同じことを繰り返す人も多い。

「親の言うことを聞かないと、ちゃんとした人間になれない」

「〇〇さんは、そのために結婚に失敗して不幸になった」

などと一種の「脅し」をかけ、無意識のうちに子どもを自分の思う通りにしようとします。

「しつけ」と称して、「行儀よくしなさい」「きちんと座っていなさい」と、人がいるところでは、ひそかに子どもの身体の一部を「つねる」親もいます。

これは、怒鳴る、叩くといった目に見える暴力よりある意味怖い。

なぜなら「暴力」と認識できず、理由もわからず身体に痛みとして残るからです。

自分は親の言うことに逆らうことなく育った。それなのに〜と「一人気まま」にしている人の存在が、無意識ではあっても許せないのです。

こういう人は子どもだけでなく、自分に支配されない周囲の人に対しても「許せない」気持ちが無意識に働きます。

それが「お局さん」をつくるわけですね。

こういうタイプには、とにかく近づかないのがベストですが、具体的な対処法はまた別の章でご紹介します。

しかしお局さんタイプもまた「自信がなく」、じつは誰かに囲まれていないと不安になるタイプだということは頭に置いておいてほしいものです。

「エナジー・バンパイア」＝「悪霊」にご用心

以上、いくつか挙げた事例は、同じ「人に振り回される」を、違う形で表していることにお気づきでしょう。

恋人であれ、上司、お局さまと「振り回される」相手は違いますが、自分にとって**「権威」と感じる人に弱い**のです。

しかし、これは本人が「感じる」だけで、現実には「敏感な人」の空回り、一人であれこれ思い悩み、エネルギーを使っている場合が多いのです。

恋人の場合は、自分の「敏感気質」をきちんと話すことが一番の解決です。

上司の場合は、まず「この人だけが自分のキャリアを決めるわけではない」と知ってください。そして「ミスイコール、自分はダメ人間」という考えを捨ててください。

しかし、そうは言っても、なかには実際に、意識的であれ、無意識であれ、人を「振り回す」ことで、自らの存在を確認しようとする人がいます。それを振り払ったり、無視したりが簡単にできるとは私も思いません。

でも、だからと言って、あなたのような敏感体質な方がそういう人たちに支配されてしまうのは悲劇でしかありませんから、絶対に避けるべきです。

「チョー敏感な人」にとって、彼らは自分のパワー、エネルギーを吸い取る「エナジー・バンパイア」＝「悪霊」と言ってもいいと思います。

ですが、少し冷静になって、そういう彼らのことを客観視してみましょう。

もちろん、彼らは自分が他人を「振り回している」ともエネルギーを吸い取っているとも思っていません。「自分はいい人」と認識している人も多いものです。

恋人や上司は別にして、お局さまやグループを作る人もまた、自分一人でいることに「不安」なのです。

どこか自分に自信がない。

そのため、どうにかして自分を認めてもらいたい。

だから群れるのです。

そのためには、誰かをスケープゴート（いけにえ）にするなど、あらゆることをします。誰かがそばにくるとぴたっと話をやめる。

話をやめることで、この話は「あなたたちだけに言うのよ」と無意識のうちに仲間意識を強めているのです。

考えがまだ幼く、一人では何もできないタイプなのです。

いきなりおしゃべりがやんだからといって、「あなたの悪口」を言っていたわけではない。多くはうわさ話です。

会社や学校では、こういったグループ化を避けることはできないため、私の知っている女性のなかには、彼らのそばを通るときに緊張のあまり身体が硬直、ついに右肩と左肩の高さが違ってきてしまいアンバランスになった人もいます。

身体のアンバランスは、内部でさまざまな支障をきたしますから、常に体調が悪く、疲れている状態です。

気力がないため抵抗もできず、それもスケープゴート化に輪をかけているのです。

影響を避けるためには「避ける」「逃げる」「離れる」を実践してください。

嫌われたくない、寂しいからと、そういう人の仲間になっても、疲れて消耗するだけです。関係を持たないことで嫌なことがあったとしても、付き合って体験する「嫌なこと」よりマシと思うことです。

仲良しサークル＝誰かを排除するサークル、になっている場合も往々にあります。

このサークル＝渦は、ときには魅力的に見え、ふらふらと巻き込まれてしまうことも。

しかし気が付いたら、すぐに離れる。

激流は、避けるのが賢い船の漕ぎ方ではないでしょうか。

大切なシーンで緊張して失敗が多い

先に述べた「エナジー・バンパイア」を頭に置いた上で、次にはビジネスの上でよく起きる「敏感な人」の特徴を見ていきましょう。

「この仕事はどうしてもわが社で取りたい。しっかりプレゼンしてほしい」

こう言われたRさん（男性26歳）は、その日の夜から眠りが浅くなってしまいました。プレゼンに失敗する夢を見ては、夜中にハッと目が覚めることもあります。人前で話すのが苦手な上、「絶対に失敗できない」と思うだけで、緊張のあまり身体が硬くなってくるのです。

大事なシーンになると緊張のあまり失敗する。

Rさんはこれを繰り返してきました。

高校時代には、サッカーの大事な試合でせっかくいいポジションを取り、ここぞというチャンスにも恵まれたのに、点を入れることができませんでした。

その時のことが忘れられずトラウマになっているらしいのですが、大事なイベントの前にはいつも頭からそのことが離れません。そしていざというとき失敗してしまう。そんなことに気づいています。

気づいてはいますが、だからといってどうすることもできないまま、今に至っています。

「チョー敏感な人」は、大勢の人の前に出ると彼らの視線や声、雰囲気などが一度に脳に入ってくるため、脳が処理に追いつけずパニック状態になってしまうのです。

そのため、身体が硬直するのですが、「大事なシーン」がまだ来ていないのに、同じような状態になるのは、**過去のことが現在のこととしてよみがえってくる**からです。HSPの人は他人との境界線も薄いと同時に、**過去と現在の境界線も薄い**のです。過去の出来事をいつまでも考え、悩むのはそのせいです。加えて想像力も強い。

「チョー敏感な人」は、脳のなかにあるミラーニューロンという機能も、人一倍発達していると言われています。

ミラーニューロンは、1966年にイタリアの脳科学者によって発見されました。脳のなかにある、まさに「鏡」、赤ん坊が母親や身近な人のまねをしながら育っていくように成長や学習には欠かせない脳の機能です。

発達したミラーニューロンを、「大事な日」のために活用する方法があります。映画などを参考に、人前で堂々と演説したり、プレゼンする人物の「マネ」をするのです。

自分がその人物になり切り、大事なシーンを思い浮かべ発表する……。

俳優には「敏感な人」が多いのです。

繊細な神経で相手のことを観察し、それを「上手にマネる」ことで演技力を磨くからです。ただし役者には、この敏感さをコントロールする力も必要です。

このコントロールの方法はのちに述べるとして、いまは、俳優やアスリートなど、大勢の前で最高のパフォーマンスができる人を常日頃からイメージするようにしましょう。アスリートが、自らの成功をイメージしてトレーニングに励む、そのノウハウと同じです。

それを会議やプレゼン、権威のある人の前で堂々とすることに当てはめるのです。

「チョー敏感な人」は、**人前でも役割が決まっていると、スムースに人と付き合える**傾向があります。先生と生徒、店員と客など関係性がはっきりしている場合は、持ち前のミラーニューロンの作用で、「先生の役」「店員の役」と、演じる（マネる）のが上手なのです。

ですから、大勢の人の前に出るときも、個人の自意識を捨て、「○○会社の一社員」としての役割に徹するのも一つの手です。

仕事中、誰かに見られていると思うと緊張する

これも前のケースと原因は同じです。

敏感な人は、他人からの視線や声を拡大キャッチしますから、そばに人がいる、それも上司などに見られていると、緊張して集中できないのです。

彼らが発する「波動」を、自己評価の低い人なら「失敗しないように見張られている」「間違いを犯していないだろうか」と（↓本章「自分への否定的な評価が聞こえてくる」参照）不安に捕らわれながら作業するので、ミスの確率が高くなったり、実際にミスしたりしてしまいます。すると、やはりミスをしてしまったとマイナスのカードを増やす結果になってしまいます。

他人がいる側の身体が硬くなるのも、そちら側に「危険」が迫っていると脳が認識するためです。

フィギュアスケーターの荒川静香さんは、２００６年のトリノオリンピックで金メダルを獲りましたが、勝負に出る前、自分の緊張を緩《ゆる》めるためにある方法を取りました。

ｉＰｏｄで自分の好きな音楽だけを聴き、前の人の成績など余計な情報をシャットアウトしたのです。そのため、自分のパフォーマンスだけに集中でき、見事金メダルを獲得しました。

順番を待つ彼女が、イヤホンを耳に、軽くリズムを取っている様子が何度もテレビ画面に映しだされていたものです。

そばに人がいると緊張しやすい人は、彼女の方法をマネしてもいいのではないでしょうか。

しかし作業をしながら、音楽を聴けない人もＨＳＰには多いものです。知人のなかには、電車など人の多い場所に行くときには、騒音をシャットアウトする「ノイズキャンセリングイヤホン」を、音楽をかけずに使用する人もいます。

人の声、気配、波動を「ノイズ」とみなし、それをシャットアウトするのです。

耳に何かあるとやはり集中できない、煩《わずら》わしいと感じる人は、部屋を変える、などとにかく相手から逃げるのが一番です。

「決断力がない」「優柔不断」と非難される

リーダー格の人が「決断力がない」「せっかくのチャンスなのに、迷ってばかりいて優柔不断だ」などと批判されるのは辛いものです。

ＨＳＰの人は、最初に述べたように生物が生き延びるための危険を察知する役割を担っています。それゆえリスクヘッジ能力が高いのは当然なのです。

生物が生き延びるためには、毒がある食べ物、危険な場所を避けるなどのリスク回避をする必要があります。

一方、リスクを避けるだけでも生物は生き延びることができません。

これまで食したことのないものを食べる勇敢さ、新しい土地に踏み出す勇気といったものも、生物が生き延びるためには必要不可欠です。

両者はその役割が違うのです。

生物の20％を占めるＨＳＰは少数派。

そして現代社会では、映画のヒーロー像が象徴しているように勇敢で決断力に富み、危険を顧みず果敢に戦う人物像が、理想となっています。

その結果、「ここは危ないかもしれない」「慎重に少しずつ進もう」と、行動にブレーキをかける人物は、得てして「臆病」「しらける」というマイナスの評価をされがちです。

おおらかで何事にも勇敢に立ち向かう人をタフな戦士タイプとすれば、「チョー敏感な人」は参謀タイプと言えましょう。

兵士タイプと参謀タイプ。

両者の長所と短所を理解して、補いあってこそ社会も会社も発展するのです。

自分がHSPだとわかることで得られる安心感はここにあります。

20％の少数派の参謀タイプ。

迷い、慎重に対処する。それが**あなたの役割**なのです。

勇猛果敢な「兵士タイプ」が参謀となってやみくもに決断力を発揮すると、大きな悲劇になります。

かつて兵士タイプが日本の軍事、政治、経済を牛耳っていたため戦争に突き進み、引き返すことを「臆病」「卑怯」と決めつけ、多くの犠牲者を出したことは忘れてはなりません。

会社の経営にも、両者が協力しあってこそ、発展が見込まれるのです。

大事な局面でこそ、慎重派のあなたの出番なのです。

頼まれると断れない

「あれもやって。あっ、これもやってほしいんだけど」

他人からあれこれ頼まれると、「敏感な人」は脳がオーバーヒートを起こしてしまいます。

器のなかにいっぺんに、いろんなものを投げ込まれるようなものです。

スピードと効率を重視する現代社会では、いろんなことを瞬時に処理する能力を評価されがちです。

一度にいくつものことを頼む人は、話すスピードも速く、せかせかしがち。

あなたの慎重さやマイペースな仕事ぶりを快く思っていない、そんな感情まで引き受けてしまい、余計にパニックに陥るのです。

人から頼まれて断れないのは「気が弱い」からというより、相手に「同調」してしまうからです。

自分が断ったら相手が困る、迷惑がかかると思ってしまう。

ミラーニューロンのせいで、相手の気持ちを推し量ってしまう「敏感な人」は、自分の気持ちよりまずは相手の意向を気にしてしまいます。

顔色を伺ったり、人の気持ちを気にするのも同じ脳からの指令によるのです。

幼い時に親や周りの人の顔色を伺ってきたため、大人になっても、誰かに頼まれると、「断ると相手の機嫌を損ねる」と脳が指令を出し、いつのまにか引き受けているのです。

私自身、気乗りしない誘いを断りきれず、いったんは快諾しておきながら、どうしても身体が動かず、すっぽかしたこともありました。

結局、最初に断る以上の迷惑をかけてしまったのですが、それほどまでに**目の前にいる人の頼みを「断る」ことが苦手**、苦痛なのです。

そして引き受けてしまったときには、「引き受けるんじゃなかった」といつまでも思い悩み、脳は過労状態になり、約束の日になっても身体が動かず、ドタキャンすることになる……。

迷惑をかけるくらいなら最初に断ったほうがいいのはわかっている。それでも「断れない」のが「チョー敏感な人」なのです。

しかし一度にいろんなことを一人に押し付ける人は、決して優秀な人とは言えません。それだけミス、間違いが起きる可能性が高くなるからです。

マイナスのカードを集めてしまう

これまでの事例でおわかりのように、「敏感な人」には、自分の才能に気づくまではマイナスのカードを集めてしまう人が多いのです。

何か事が起きると、

「ああ、やっぱり」と、起こった事実を「自分が思った通りになった」カードとしてしまうのです。

「やはり彼女は、私が嫌いだった」

マイナスのカード二枚。

「やはり彼は私から離れていった」

カード三枚。

奇妙なことに、このカード集めは、

「ちょうど五枚」になったら、自分の願いがかなったかのように、一種の歪んだ喜びさえ持つようになります。

嫌なことを思い出すときは、不快感を示す扁桃体も
反応するが、同時に快感を示す側坐核も反応する。

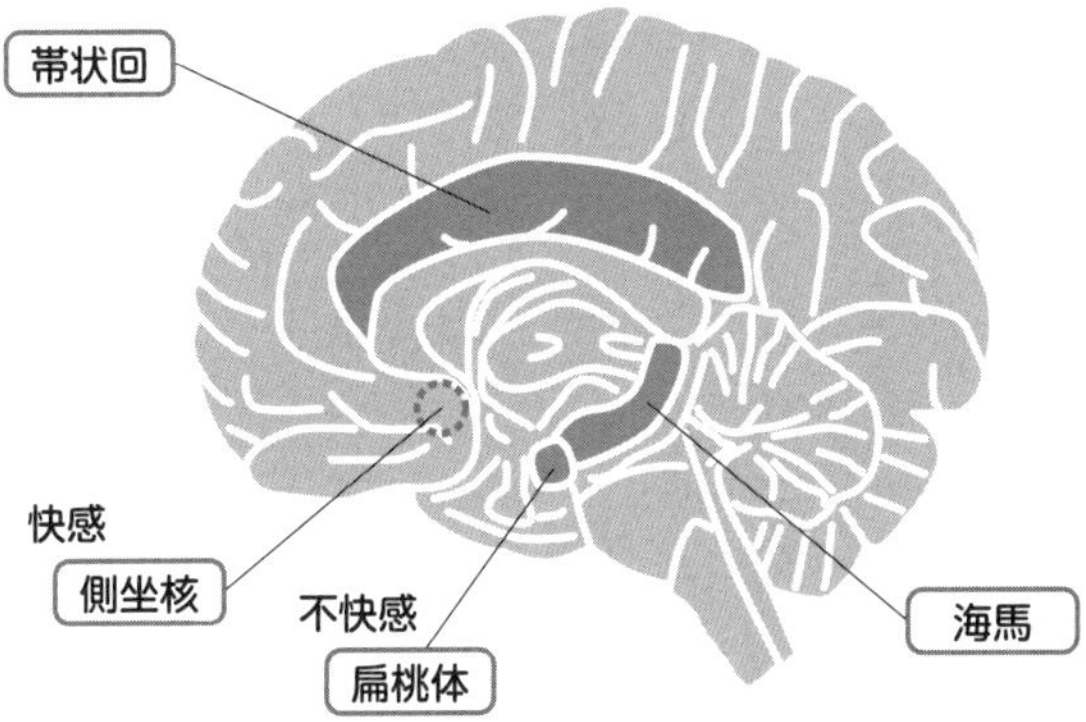

先に挙げた「自分への否定的な評価が実際に聞こえる」ケースでも、なんとなく感じていたことが、現実の声になって聞こえる。

このときも、不愉快ではありながら「やっぱり」とカードが増えていくようなイメージが頭に浮かぶのです。

「自分の母はいろいろなことを思いだして苦しんでいるのですが、一方では、それを楽しんでいるみたい」

ある知人がこう言ったことがあります。

苦しみを楽しむ……。

妻にこの話をし「俺の場合はどうだい？」と聞いたところ、

「あなたも思いだしては、苦しむことを

楽しんでいるみたいよ」

「冗談ではないよ、あんなに苦しいのに」と反論したのですが、よく考えてみると、嫌いな人の行動を思いだすとき、最初は思いだすことが楽しく、思いだすうちに現実との区別がつかなくなるためか、だんだん苦しくてたまらなくなってくるのです。

脳の画像研究に携わっている知人によると、

「恐怖や不安に直面すると、嫌悪、不安を処理する扁桃体や帯状回が反応するが、それを**思いだすときには、快感をつかさどる側坐核が若干反応**する」

嫌なことを思いだすというのは、思いだして、それを楽しむ気持ちがあるからです。

マイナスのカード集めを始めているな、と感じたら、別のことをするなどして、気持ちを切り替える。嫌なことを思いだしそうになったら、すぐにやめる。取り合わない、相手にしないことです。

バンパイアや悪霊と同じで、相手にしはじめると快感をエサに、あなたをどんどん取り込もうとしてくるものだからです。

「可哀そうな人」を見ると放っておけない

先の「自信たっぷりな人、態度の大きい人に逆らえない」とは、まったく逆のように思えますが「可哀そうな人」を見るとつい手を差し伸べてしまうのも「チョー敏感な人」の特徴です。

通りすがりの人に道を尋ねられ一緒に地図を見ながら探したり、探している場所まで一緒に行ったり。

別れたあとも、「あの人、ちゃんと会えたかな?」と、いつまでもそのことが頭を離れず、気がつくと、自分の要件を忘れ、約束していた時間に遅れる……。

「彼と別れた」

「彼氏が浮気をした」

「親がいないのに、一人で頑張っている」

そんな話を聞いて、相手を「可哀そう」と思った瞬間、相手の問題を自分のことのように感じて、何時間も相談に乗り、相手が異性の場合は「恋愛関係」に陥る場合もあります。

「可哀そうとは惚れたってことよ」

作家、太宰治の名言の一つです。

「酒場で働く女性」を可哀そうだと、助けるつもりがいつのまにか彼女のペースに乗せられて、「じゃあ、一緒に死のう」と何度も心中を図る。

彼の作品には「貧しさから万引きをしてしまう女性」や「死を前にして一度も恋をし

たことのない女性」、「貧乏な作家に布団を送る女性ファン」といった、「可哀そう」といった感情から起きる出来事を描いた作品がとても多い。

見知らぬ人の高圧的な態度にさえおびえ、右往左往する。

人の気持ちや感情ばかりを気にして、理由もなく周りの人間を楽しませようとする。

それがうまくいかないと、ぐずぐずと悩む。

作家でお笑いタレントの又吉直樹さんは、

「まるで自分のことが書いてあるように思えた」と感想を述べています。

太宰や又吉さんの作品が、多くの人の共感を呼んでいるのは、彼らの高感度なセンサーが、現代人の兆候を見逃さないからでしょう。そして、こういう人はこれからますます増えていくように思えます。70～80年も前の太宰治の作品がいまだに多くの人に読まれている、ますますファンが増えているのは、その証しではないでしょうか。

態度が大きい人、可哀そうな人、まったく逆の人たちですが、彼らに振り回されてしまうのは「相手との境界線が薄い」ためで、その理由は第二章で言及します。

相手の本質を見破る

「敏感な人」は人に振り回されながらも、相手の本質をどこかで理解しています。

プライベートでは、嫌な人には近づかない、付き合わないといったことを心がけても、社会生活を行う限り、すべての「嫌な人」「苦手な人」を避けるわけにはいきません。

しかし、ときには「ものすごい警告のセンサー」が作動することがあります。

浜松の教授時代のことです。

浜松医大に新しい学部を作るにあたり、知り合いの非常に優秀な方を招くことにしました。

一流の大学を出たエリートで、前途有望、この人を招聘できたら、この大学は素晴らしいものになると、全力を尽くして説明、説得したのです。

何度かの説明会のあと、私が、出口で待っていると、その人が奥さんを連れて出てきました。

その瞬間のことでした。私は奥さんではなく彼自身に対し、「ぞっとする」と言っていいほどの嫌な感じが背中を流れるのを感じたのです。

冷たい、冷酷、氷、殺伐……。

言葉にするとそんなイメージでしょうか。

私は用意されていた会食の場も辞退し、早々にその場を離れました。

「もう、この人と関わりあいになるのはやめたほうがいい」

直観がそう告げています。

直観といっても、これも先ほど述べた潜在意識のなせる技です。

何度かその人と会い、話をするうちに、彼の言葉の端々から不穏な情報をキャッチ、しぐさなどから、彼の性格を判断していたのでしょう。

ただ、その場では「なにかおかしいな」と感じていても、「権威」や「学歴」「紳士っぽい見た目」などに邪魔された私の意識が「そんなはずはない」とそれを打ち消し、彼の「嫌なところ」を見ないようにしていたのです。

しかし、敏感なセンサーは、意識の警告を無視して、彼を見たときに氷、冷たい、野心家、殺伐といったイメージを私の頭のなかに呼び起こしてくれたのです。

鋭いセンサーは、いますぐに必要のない情報までキャッチします。それを抑えるために力を使うので、**本人はとても疲れる**のです。このことはＨＳＰに共通してある特徴ですが、自覚していない人も多いですから、何度言っても言い過ぎにはならないと思います。

しかしときには、無意識の言葉に耳を傾けるのも必要ではないでしょうか。

そういえば、「アナ雪」のエルサも、妹が一目惚れした相手、他の国の王子と「すぐに結婚したい」と言い出したときに大反対し、それまで抑圧していたパワーをつい使ってしまいます。

すると、夏だった国は雪の降る真冬に変わってしまいます。

「私がいるために国中が不幸になってしまう。私はいないほうがいいんだわ」

エルサは雪のお城に閉じこもることになってしまうのです。

アナが一目惚れした王子は、その国を乗っ取るためにアナを利用しようとしていたのです。

エルサは、彼を一目見たときに、鋭い直観でその本質を見破っていたのですね。

直観的に恋に落ちる

「あっ、この人は自分の運命の人だ」

一目惚れは映画やドラマではよくあるストーリーです。

恋愛映画のほとんどは一目惚れを描いている、といっても言い過ぎではないでしょう。

「チョー敏感な人」は直観力に優れているため、自分に合う人をも見抜くことが往々にしてあります。

一目惚れするドラマの主人公の多くは、こういう才能の持ち主と言えます。

何十年も前のことですが、長年連れ添ったパートナーに初めて会ったとき、私は、「あっ、この女性だ」とピンときたことを今も鮮明に覚えています。

彼女は、同じ慶応の医学部に通う学生でした。

私の思い込みによって始まった付き合いでしたが、幸い彼女とはその後もずっと付き合い、結局は一生をともにすることになりました。

では彼女も「チョー敏感」かといえば、私からすれば、ものすごく鈍感に思えた。

私が何をしても、言っても、柳に風と受け流し、まったく動じません。

こんなことがありました。

私がその日会ってひとしきりしゃべった人のことを思い出し、「あの人に悪いことを言ってしまった。今から電話で謝りたい」と何度も口にして受話器を取ろうとするのを見ていた彼女は、とくに慌てる風もなく、私にアドバイスしてくれたものです。

「**人の記憶はえんぴつ書き**ですよ。相手はもう消しゴムで消しています。電話して謝ることで、その記憶がよみがえって今度はボールペンでしっかり固定されてしまうでしょ。

そのままにしておいたほうがいいですよ」

そんな彼女のお陰で、私は何度助けられたことか。

今はもう別の世界に逝ってしまいましたが、私がどうにか生き延びることができたのは彼女のお陰といってもいいのです。

高性能のセンサーを備えた人は、プラスに働けば、相手の本質をずばりと見抜く力があるのです。理屈も推測も仮定も飛び越え、一挙に本質に迫る能力がある。

これは潜在意識といって、脳のなかには自分で意識している以上の莫大な記憶が蓄積されていて、自分では重要と思えるときに、その力が働くのです。

潜在能力は誰しも持っている能力ですが、「チョー敏感な人」は、普通の人以上に情報をキャッチする。それゆえ蓄積が通常の人より多く、いざというときに出動、助けてくれるのです。


「敏感な人」が恋に陥りやすいもう一つの理由があります。

「つり橋効果」というのをご存知でしょうか。

好きな人を自分に振り向かせるために使う人もいます。

山の奥のつり橋に両端から男女が歩いていきます。二人がちょうど真ん中あたりに来た時、強い風が吹いて、女性は思わず男性にすがりついてしまいました。

そのとき、男性がにっこり笑おうものなら、女性は即、恋に落ちるそうです。

人は不安なときには、誰かに助けを求めるからだと心理学者は分析しています。不安のため神経が昂《たかぶ》ると、人はそばにいる人に頼ろうとします。相手がそれに応えてくれるといとも容易に恋に陥るのです。

「敏感な人」は理由のあるなしにかかわらず不安に襲われることが多く、それゆえ、そばにいる人に好意的な態度をされると、好きになってしまう傾向があるのです。

かつてデートの場所にお化け屋敷がもてはやされたことがありましたが、デートにそんな場所を選ぶのは、自分を好きになってもらいたい男性の心理が働いているのでしょう。

いまなら、興奮状態を人工的に作るディズニーランドということでしょうか。

相性のいい人、悪い人

ここまで、いろんな事例を見ながら、「チョー敏感な人」の特徴を見てきました。

私も含めて、彼らは「人間関係」が苦手です。

というより、人を支配しようとする人たちが苦手と言えるでしょう。

だからといって「ずっと一人でいいわ」とひきこもる人もいますが、諦めるのは早いでしょう。

では「チョー敏感な人」にとってどんな人が相性がいいのでしょうか。

誰しも自分を理解してくれるパートナーを求めるものです。

幸い私は、自分に合う伴侶を見つけることができました。

彼女がいなかったらどんな人生になったかを考えると、背筋が寒くなります。

60年以上連れ添った彼女を失った今、ときどき私は考えることがあります。

「私にとっては、とてもいいパートナーだったけど、彼女にとってはどうだったんだろうか」と。

優秀な彼女は、私がいなければ私以上の伴侶に恵まれ、もっと幸せな人生を送ったかもしれません。

自分のことで精一杯で、彼女のことを考える余裕があまりになかった、と後悔とも反省ともつかない悲しみに捕らわれることがあります。

しかし、それもまた「敏感な人」の特徴である「過去と現在の境界がなくなり、くよくよ考えてしまう」からかもしれません。

私の話はさておき、自分と合う人を直観で見つければいいようなものですが、先に挙げた数々の事例のように、自分を「振り回す人」をパートナーに選んでしまうケースも決して少なくありません。

「自信たっぷりの人」「権威のある人に弱い」「可哀そうな人を見ると放っておけない」などを「チョー敏感な人」の特徴として挙げましたが、これらに邪魔され、本来の正しい直観が作動させられないのです。

自分から異性に近づいていくのが苦手なので、「言い寄られた」人に、その傾向を持った人がいると、つい影響を受け、巻き込まれてしまうのです。

異性との付き合いには容姿や背の高さといった外面的な要素が大きいものです。

相手が自分の好みの容姿だと「好きな俳優に似ている」。中身よりもそういったものから恋に落ちてしまうこともあるのはよくご存じでしょう。

そのほか高い学歴、収入。

逆に、ああ、この人は私がいないとダメになってしまうといった「可哀そう感情」。

このような感情が、好き嫌いを判断するより先に動き始めてしまうのです。

それゆえ、**自分はどんな人と一緒にいると安心できるのか、自分が人生に求めるものは何なのか**といったことを、常日ごろから考えるようにしておきましょう。

本来相性とは人それぞれですが、参考までに「チョー敏感な人」と相性のいい人がどんな人なのか挙げておきましょう。

「チョー敏感な人」と相性がいいのは、

①あなたの敏感さにいちいち反応しない、動揺しない精神の安定している人。
　清濁あわせもつ懐の大きい人。

②「これはいいこと、これは悪いこと」とすぐに判断せず見守ってくれる人。

……でしょうか。

逆に相性の悪い人は、先に挙げたように、あなたを振り回す人です。

おかしなことですが、人は誰かに振り回されていると、そのあいだは自分のことを考えずに済むので、ある意味楽で、**充実感さえ持つ人**もいます。

アル中の夫を持つ妻、そして両親に振り回されている子どもも、母親や父親の望み通りの人間になっていることで、自分が誰かの役に立っていると感じ、振り回されていることにさえ気づかないこともあるのです。

人は自分のことばかり考えていると自己嫌悪と罪悪感を抱くものですが、人にコントロールされていても、むしろ自分が相手に優しくしているんだと思える場合には、罪悪感を抱く必要がないからです。もちろん後者の場合、本当に相手のためになっているかと問われると疑問なのですが。

だから、自分を振り回す人、威圧的な人が近づいてきたら要注意。持ち前の鋭いセンサーを作動させて避ける。まずは避ける、逃げることです。

「相性の良し悪し」で、もう一つ気を付けたいのは、相手の話し口調、声などです。「チョー敏感な人」は、音や話し声などにも敏感に反応します。

長く一緒にいるだけに、「気になる声」「大声で話す」「聞いているだけで頭が痛くなる」といった声の持ち主なら、その人の精神がどんなに安定していても要注意ですね。

「話し方を変えて」「もう少しゆっくり、小さな声で話して」とお願いして直してくれれば問題はないのですが。

こう書くと、「相性の合う人なんていそうもない」との気持ちになるかもしれませんが、大丈夫。あなたが自分の敏感さを意識して、コントロールの方法を覚えれば、敏感さの奥に隠れている能力や才能は前面に出てきて開花します。

そのときには、大いなる「モテキ」が訪れることでしょう。

「いじめられているとは気づかなかった」と言うその理由は？

この章の最後に「いじめ」について述べておきたいと思います。

いじめに遭っている子どもには、このＨＳＰ気質の子が多いのではないかと思うからです。そして教育関係者のなかでも未だにこの概念を知らない人が多いと察するからです。

「チョー敏感な人」は大勢でいることが苦手です。

周りの人の心や嫌な面、声、しぐさ、バカ笑いなどに脳が敏感に反応するため、大勢でいると非常に疲れてしまいます。

その上、今の学校、社会は「みんな仲良く」「友達何人できたかな」というように、集団行動を良しとしています。一人でいると、「あの子変わってる」「何を考えているのかわからない……」などといじめの対象になりやすいのです。

子どもは、まだ自分の隠された能力や才能に気づいていないことが多く、そのため「自分はダメな人間だ」「弱い人間だ」と卑下しがちです。

それもまたスケープゴート化に輪をかけているのです。


先に挙げた事例のように「チョー敏感な人」は、「偉そうな人」「人を自分の思い通りにしたがる人」が苦手です。「人から振り回されやすい」ことを無意識のうちに察知、自己防衛のためにそんな人を避けているのです。

苦手な人がそばを通ると、自然と体が反応して、思わず廊下の隅に寄る、引き返すといった動作をするので、相手は、

「なんだ、あいつ」

「私を避けているのね」

ということになってしまいます。

皮肉なことに、そういう相手はクラスや職場のリーダー格、力のある人が多い。

そして自分の力を誇示するために常に「スケープゴート」、つまりいじめのターゲットを探す傾向にあるのです。

いじめのターゲットにされる側は抵抗することができず、無理やり付き合わされることになる。「チョー敏感な人」は逆に相手におもねったり、機嫌を取ることさえあるのは先に述べた通りです。

自殺して初めて、原因が「いじめ」とわかるケースが最近非常に増えています。

「いじめられているとは思っていなかった」

「率先して買い物に行ったり、リーダーの命令に従っていた」

事件が起きたあとでこんな言葉をよく耳にします。

これは、いじめに遭っていた人がＨＳＰの可能性が非常に高い。

その場や力のあるリーダーから逃げることができず、相手にコントロールされるままになり、しかし、家に帰ったり一人になったりすると後悔したり、自分を情けなく思ったり、一緒になって誰かをいじめた場合には罪悪感を抱いてしまうのです。

苦しい、辛い……。親にも教師にも言えない、誰もわかってくれない。そんなことから将来を悲観してしまうのです。

「爆笑問題」の太田光さんは、ある番組で、

「高校三年間、友達は一人もいなかった」

と話していました。

「教師以外、話をした回数はゼロ」「いじめられたわけではないがハブられて（無視されて）いた」、でも「皆勤賞が欲しかったので、イベントもすべて参加した」とカミングアウトしています。その後彼は、お笑いの才能を開花させ、理解ある伴侶も得て大活躍しているのはご存知の通りです。

「**誰とでも仲良く**しなさい」とは、本来無理なことです。

それを「よいこと」として、「友達が多いほどよい子」「メル友の数を競う、多さを誇る」といった**無意味な競争**を強いる社会になっています。

それを息苦しく感じる人が増えているのも事実です。

「息苦しく感じる自分」を肯定していいのです。

教師や教育に携わっている人たちは、このＨＳＰという「気質」を持った人が20％は

いることを理解し、「誰とでも仲良く」することを強制しないでいただきたい。

近年、「敏感体質」の人が増えつつあると実感しています。

教師をはじめとする指導者は、このＨＳＰという気質の人が増えているとの事実をまずは知ることが、犠牲者を出さないためにも必要になってくると思います。

次の章では、このＨＳＰ、なぜ「チョー敏感」になってしまうのか、その原因をお話ししたいと思います。

第一章まとめ

この章ではＨＳＰの特徴をできるだけ詳しく述べました。

ＨＳＰの概念はまだそれほど浸透していないので、この章で述べた特徴のなかで思い当たるもののある方に、「自分はＨＳＰかもしれない」と知っていただきたかったからです。

「知ること」で、これまでの辛さ、苦しみから少しでも解放されることもあるからです。

★ＨＳＰ＝「チョー敏感な人」は、人に振り回される傾向が強い。
つまり**人間関係で苦しんでいる人**が多い。

特に、権威のある人、お局さま、傲慢な人、親切過ぎる人……といった人に振り回される傾向があります。

自分が苦手と感じる人の特徴をノートに記しておきましょう（Ｐ83図参照）。
★他人に影響を受けやすいので、転職など一生にかかわる影響には慎重に。
★緊張やミスに弱いので、準備は怠りなく。

苦手なタイプを書きだした例

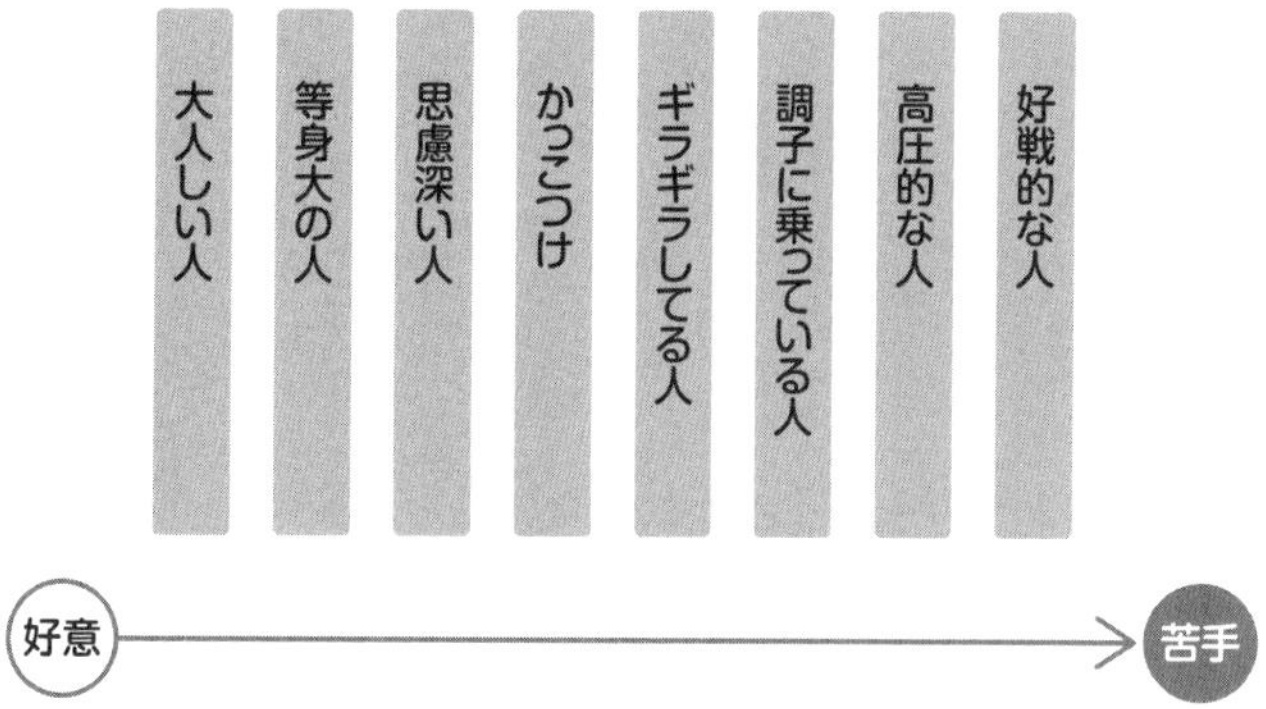

★人となじめない傾向があるので、いじめに遭いやすい。

自分の子どもが「敏感体質」かどうか注意深く見守ってみましょう。

教育に携わる人は、「誰とでも仲良くできない」子もいることを考慮にいれてほしい。

★敏感さは大きな才能です。ただそれを生かせるまでは生きづらいので、コントロールする方法を身につけましょう。

人の気づかないことに気づく。

相手の感情に気づく。

「可哀そうな人を見ると放っておけない」

↓同情心が強い。人の不幸、悲しみなどを自分のことのように感じる。

直観力に優れている。

相手の本質を見破る。
慎重↓リスクヘッジが高い。
ひとつ一つの仕事が丁寧。
★自分と相性のいい人を知っておく。
あなたの敏感さにいちいち反応せず、大きく構えている人。
清濁あわせ持つ懐の大きい人。

第二章

過剰な敏感さ＝ＨＳＰが、苦しさの原因だった

第一章では、「チョー敏感な人」のさまざまな事例を見てきました。

ささいなことにも過剰に反応するため、脳や心は絶えず緊張を強いられ、その結果疲れやすくなっています。それが「生きづらさ」を生んでいるのですが、この「生きづらさ」「苦しさ」は、脳のどんな作用により生まれるのでしょうか。

この章では、この「敏感さ」を発生させる原因について考えてみたいと思います。

そうだったのか！　長年の謎が解けた

「なぜ自分はこんなに疲れるのだろう？」

「なぜ自分はこんなに気が弱いんだろう？」

「臆病」「神経質」「弱虫」……などと思い込み、長年悩んできた私が「自分は弱虫でも臆病でもなく、HSPという気質を持って生まれただけなんだ」とわかったときには衝撃を受けるとともに、大きな安心を得ることができました。

最初に述べたように「気質」とは、もともとその人が持っている遺伝的な特質です。

「髪の毛が黒い、柔らかい、強い」というようにその人を特徴づけている要素の一つです。

黒い髪の毛や肌の色は目に見えますが、HSPの特徴は目に見えません。

それがさまざまな問題を引き起こしていると言えます。

「性格」はもって生まれた要素に、環境が大きく影響します。HSPの場合、持って生まれた敏感さは同じでも、その出方を長所とする社会と短所とする社会では、その人の考え方も、周りの評価も大きく変わってくるのです。


「目の細かい網」


HSPの概念を発見したアーロンは、「チョー敏感」をこう例えています。

目の粗い網を使って漁をする人と違い、目の細かい網を持っている人は、より多くのものが引っ掛かります。そのなかには、粗い網を持った人が見逃してしまう大切なものもある代わり、必要のない、むしろ邪魔なもの、余計なものも引っ掛かってしまうというわけです。

何が大切なもので、何がゴミなのか。

それは人によってさまざまです。


人によって、その問題の出方が違うのです。

これがHSP、「チョー敏感な人」の特徴です。

私は八人兄弟のなかで育ちましたが、小中高時代は、同じように「チョー敏感」な母がそばにいたために、自分の敏感さを、それほど意識しないままに育ちました。

今思えば、敏感な母に影響を受けていたのですが、当時はそれを「普通」として、また医学部に進もうと勉強に集中、周りもそれを望んでいたため、自分を「変わっている」と思うこともなく過ごしてきました。

先にもふれたように、医学部に進学した大学一年のときに、理解者である妻と出会ったので、彼女と一緒にいることでどうにか平穏に過ごすことができました。

卒業後はアメリカの大学に研究者として招かれ、静かな町にある大学でほとんど人と接することもなく、研究に没頭してきました。自宅は歩いて研究室に通えるほど近く、音といえば鳥の鳴き声、樹木が風に揺れるささやきくらいです。

そんな環境で10年過ごしたのち、日本の大学に招聘されたのは40歳のときです。

「四十にして惑わず」の孔子の格言とは逆に、40歳から惑い、迷いが始まったのです。

日本は同調圧力の強い社会です。

つまり少数派には、多数派の考えや行動に従うよう無言の圧力がかかる。「チョー敏感な人」でなくても、この「圧力」に息苦しさを感じる人は多いのではないでしょうか。

それまでマイペースで仕事に取り組んできた私は、大学という社会のなかで、人づきあい――大学では会議や教授同士の競争からくる確執などがあるのです――からくる疲れから、「うつ状態」に陥るようになったのです。

つまり、「チョー敏感な人」の生きづらさは、社会の固定した価値観によってももたらされるのです。

日本は同調圧力が強い、と言いましたが、アメリカでもハリウッド映画に代表されるように勇猛果敢で恐れを知らないことが、価値あるとみなされていることもあります。

けれど別の価値観を持つ社会、つまり「繊細さ」や「慎重さ」が高い価値を持つ社会では、この敏感さは尊重され、尊敬される貴重な気質なのです。

環境が変われば、HSPはプラスに作用する

先に述べたように、「敏感さ」は、その人の属する社会の価値観によりプラスにもマ

イナスにも作用します。

敏感さを重んじる社会では、ＨＳＰの人たちは「巫女」や「予知者」として尊敬を集めていたと思われます。

自分の子どもがＨＳＰかどうかを知ることの大切さは、ここにあります。「強く、元気で誰とでも仲良くできる子ども」が良しとされる社会にあって、「敏感な子」は、自らを劣っていると考えがちだからです。

反対に親や教師が、子どもの「敏感さ」を尊重し、それを長所として捉えれば、その子は自分を卑下することもなく、「敏感さ」「慎重さ」を長所として考え、前向きに伸ばしていくことができます。

現在の社会全体の流れとしては、残念ながら、学校教育をはじめ、「敏感さ」をその前段階、つまり才能が開花する前に長所として認める人は少ないと思います。

ＨＳＰ気質の作家の多く、たとえば又吉直樹氏は、「気味悪い人」などとそしられていたのはよく知られています。彼はそれをどこかで笑い飛ばす強さを持ち、自らの「敏感さ」を、ほかの作家の作品を自分のことのように理解できる「能力」として捉えていたのではないでしょうか。人からなんと言われようと、自分の敏感さを長所と捉えていたように思います。

親は、自分の子どもがＨＳＰ体質を備えていると思ったら、それを長所ととらえ、同調を強いる社会から子どもを守る防御壁になってあげてほしいと思います。

教師もまたしかり。

発達障害や多動性の人や子どもがいるのと同様に、多くの人にＨＳＰの概念を知ってもらいたいと思っています。

うつ病とＨＳＰの違いとは

怒鳴り声や人込みが怖いという症状からパニック障害、人に会いたくない、会ったあとに異常に疲れる、落ち込みが激しく引きこもりがち……、不安から夜眠れない。

疲労、不安、自尊心の低下など、うつ病の症状はＨＳＰの特徴ととてもよく似ています。

そのため「チョー敏感な人」は自分はうつ病やパニック障害だと思い込んでしまう人は多いものです。

私のような脳の専門家でも、このＨＳＰの概念を知らなかったときには、自分はうつ病だと思って、ありとあらゆる手を打ちました。

宗教にはまったのも、そのころです。

しかし、**うつ病とＨＳＰはまったく違います**。

ここは、頭のなかにゴシック（太文字）で書き込んでおいてください。

突然の不安、眠れない、人込みが怖い……、こういった症状から医者を訪ねるとします。

「あなたはまじめにものごとを捉えすぎる傾向にありますね」と医者は「診断」し、抗うつ剤や睡眠薬を処方してくれます。

現在の医学では、薬を処方することでしか、医者にできることはないからです。30分以上患者の話を聞いてアドバイスしてくれる医者はほとんどいないでしょう。

今の日本の診療報酬制度では、薬物療法が一番効率的な報酬になるからです。

次に病院を訪れても、

「いかがですか？」

「あまり効き目がないのですが」

「では、ほかの薬（もっと強い薬）を処方してみますね。様子を見てみましょう」

それで終わりです。

一度薬に慣れてしまうと、抜け出すのは難しくなります。

薬が切れると、落ち込みは前より激しくなるからです。

不安は前より強く感じるようになります。

そこで、また薬を、場合によってはより強い薬を……と薬の悪循環が始まります。

薬に依存するようになり、「自分はダメだ」とますます落ち込む。本当にうつ病になってしまう人も数多くいるのです。

病気ではない人が薬を飲んで身体にいいはずがありません。

薬は、健康な体にとっては毒と同じです。薬とはある部分を治すために、**一時的にほかの部分に我慢をしてもらう**、犠牲を強いるものです。

まして、プロザックといった脳に作用する薬を常用する怖さは計り知れません。

私自身、HSPを知るまでは、自分をうつ病だと思い、薬を常用していました。

薬の副作用は、私の場合、物忘れとして表れました。

人の名前、自分がしようとしていることなどをすぐに忘れてしまうのです。

睡眠薬を常用していたときのことです。

薬を飲んでベッドに入ると、私はすぐに眠ってしまいました。

「あなたすぐに眠っていたわよ」

連れ合いが次の日、私に言ったものです。

「薬を飲んで効き目が出るまでには時間がかかるでしょ。あなたはベッドに入ってすぐにいびきをかいていた。薬がなくてもちゃんと寝ているじゃない」

連れ合いも医者ですから、薬が効くまでのおおよその時間がわかるのです。

次の夜から薬をやめることにしたのは言うまでもありません。連れ合いの、薬の効果とともに怖さも十分にわかった上での、適切なアドバイスでした。

では、ＨＳＰとうつ病との違いはなんでしょうか。

うつ病の場合は、病前と病後の自分が違うのです。

うつ病にかかると、それまでは非常に活発で、恐れを知らず何事にも果敢に立ち向かっていた人があらゆることに興味を失い、突然気分が沈んでくる。

仕事大好き人間だったのが、会社にも行きたくなくなる。

病気にかかる前と後とでは、性格が変わったと思うほどの変貌が見られます。

一方、「チョー敏感な人」は、大きく変わるということはありません。

ミスや事故などがきっかけで、それまで抑えていた敏感さが前面に出てきて、より大きな不安に取りつかれる、脂汗がでるといった症状が出るとしても、物心ついたときから、多少の波はあっても大きく変わらず慎重であり、言うにいわれぬ不安を常に抱いているのです。

うつ病の人は、以前の自分とはあまりに変わってしまった自分に著しく自尊心を低下させ、「自分はもうダメだ」と将来を悲観しがちです。うつ病の治療を受けるものの、とくに治りかけた時点で、逆に「いまの自分」を冷静に眺めてしまうために、自殺願望を持つようになることもあります。

しかし、「チョー敏感な人」は、自分は今の社会では少数派で、気の弱いはあるが、この「繊細さ」は捨てることはできない、「弱さも含めて自分だ」とどこか、自分を認めているため、不安であっても自殺願望はないように思います。

「プチうつ」と言われている人の多くは「チョー敏感な人」の可能性は大きい。

うつ病は精神科の領域ですが、超敏感さは、気質であり、特徴です。

うつ病は寛解《かんかい》、つまり病状の軽減を目指しますが、「チョー敏感な人」は、敏感さをコントロールして、うまく使うことでより深く、意義のある毎日を送れるのだということを頭に刻みこんでください。

高感度な脳は疲れやすい

「チョー敏感な人」が不調に陥る原因は、脳が外部だけではなく**内部からも刺激を受け続けている**からです。

持っているセンサーが高感度なので、余計な刺激、情報が入ってくる。そのため脳は常にフル回転しています。

疲れるのは当然ですね。

高感度なセンサーの働きすぎで不調に陥る要素は、これまで事例で見てきた通り、大きく分けて二つあります。

1 他人の発するエネルギーに敏感に反応する。

2 大きな音、声、光、食べ物、アレルギーなどの環境にも敏感。

目に見える存在だけではなく、見えないものまでキャッチしてしまうのです。

「他人の発するエネルギーに敏感に反応する」について、少し詳しく説明します。

哲学者でもあり心理学者でもあるアドラーは、「人の悩みはすべて人間関係である」と断言しています。

どんな悩みも、自分以外の人間がいないところでは存在しない。

他人と自分を比較するところから、すべての悩みが生まれる、と。

「チョー敏感な人」は、他人との比較だけではなく、他人のエネルギー、気といったものにも敏感に反応してしまいます。

「チョー敏感な人」は、他人の発するエネルギー、にも影響されやすいのです。

このなかで、とくに「負」のエネルギーの発散が強い人を**「バンパイア」**、私は**「悪霊」**と呼んでいます。バンパイアは人の血を吸うことで生き延びますが、現代のバンパイア＝悪霊は、人にとりついて、その人のエネルギーを奪うのです。

帯津良一医師のように、人の発するエネルギーは、実際に磁気、電気のように発生しているという人もいます。一人ひとり切り離し可能なものではなく、遠く離れていても、互いに影響しあっていると。

また「チョー敏感な人」は、「脳のなかのミラーニューロン」が発達しています。ミラーニューロンとは、先にも少し述べましたが、他人の動作を見て、自動的に同じ動作をしてしまうことから名づけられた脳の働きです。

赤ん坊が育つためには、そばにいる人のマネをして生き延びる必要があり、そのために発達した機能です。

「チョー敏感な人」は、そのミラーニューロンの働きも活発と言われています。

つまり、**よく映る鏡を持っている**。

そのため、親や教師などの周りの人間の影響を受けやすく、親の自分への対応の仕方を、兄弟などと比べ、「お兄ちゃんばかり可愛がっている」などとトラウマに陥りやすいのです。

親の命令口調、しつけと称してなされる行為にも敏感で、

「勉強しないと将来幸せになれないよ」

「みんなと仲良くしないといじめに遭うよ」

「泣きやむまでおやつはあげません」

　こういった考えを刷り込まれ、呪縛からなかなか自由になれず、指令に背くと不安になるのです。

　そんな「刷り込み」に加えて、そばにいる人の不調もプラスされるのですから、センサーは大きく揺れ動いて当然と言えましょう。

　ではなぜ、「臆病だね」「一緒にいるとイライラする」といった**否定的評価のみを感じる**のでしょうか。

　私自身、ラグビー部のキャプテンの「お前の知ったことじゃないよ」という声が実際に聞こえたという話をしましたが、「あの人は素晴らしい」「すごく優しい」といった肯定的な言葉や声は、残念ながら聞こえた覚えはありません。

　しかし、私は実際には感じていると思っています。肯定的な評価が脳内に入ってきても、「いや、そんなはずはない」と、認める前にスルーしてしまう。それもまた「刷り込み」されているがゆえの悲しさでしょう。

私のような人間でも、一目見て好意を抱いた連れ合いと結婚することができました。相手の好意を感じなければ、私のような「臆病」な人間は、とても結婚まで付き合うことはできなかったでしょう。

楽しくても疲れる、そのわけとは

敏感な子どもがストレスにさらされた後の体液（唾液、血液、尿）を調べてみると、ノルエピネフリン（＝ノルアドレナリン）という抗ストレス物質が、通常よりもかなり多く分泌されていることがわかっています。

ストレスにさらされていない、平静なときでも、普通の子どもより多くのコルチゾールが体液に含まれています。

コルチゾールは、神経が昂《たかぶ》ったり、警戒しているときに分泌されているホルモンです。敏感な子は、常に「警戒態勢」にあり、神経が昂っているわけです。

しかし、人が何かを成すとき、ある程度のストレスを必要とするとも言われていることは確かです。

緊張することで体内にアドレナリンを多量に分泌し、集中力を高める。「火事場のバカ力」という言葉がある通り、いざとなると思いがけないパワーが出ることを多くの人が経験しているのではないでしょうか。

集中力の高まりや実現に向けて努力するなかでの神経の昂りは、必ずしも欠点とは言えません。

本人がそのために疲れやすくなるのは困りものですが、自らのパワーの源をコントロールする方法さえ覚えれば、その昂りは才能を花開かせるための大きな推進力となります。

楽しいときにも、アドレナリンなどの興奮物質が多量に分泌されます。

遠足や運動会などのイベントの前の日に興奮して眠れない子がいますが、これも楽しいことを想像するだけで、興奮物質が分泌されるからです。

敏感な子は、想像力もまた豊かで、細部にわたって具体的に想像するため、現実に「遠足」や「運動会」を経験している以上に脳が疲れる場合があります。

幼い子どもは、友達と一緒のお泊まりといった、いつもとは違う環境でも興奮するものです。次の日には熱を出したり、体調が崩れる子がいます。

「楽しいのに、疲れるはずがない」といった思い込みで、なぜだろうと不思議に思う親も少なくありません。

大人になっても、ストレス解消のつもりで、友達との飲み会や旅行をするのはいいのですが、帰ってくると疲れが取れるどころか余計に疲れている。

なぜだろう？　私って、何しても疲れる……、特に身体が弱くないのに、疲れる人は「敏感体質」の可能性があります。

敏感な人は、休みでも人と一緒に行動しない、また身体を動かすにしても、人と競争するようなことは避けてください。

知人のなかで、ストレス解消で始めたスイミングで、隣のレーンで泳いでいる女性とつい競争してしまい、ゆっくり泳ぐことができないと苦笑している人がいました。

笑い話のようですが、幼い頃から「常に人には勝て」と教えられていた彼女は、身体のなかの「指令」からも自由になれなかったのです。

しかし、そんな彼女ものちに詳しく述べる方法で、自分を変えることができたのです。

音や声に敏感なそのわけ

アーロン氏によれば、ＨＳＰは右脳の働きが活動的であると言われます。右脳は視覚・聴覚・嗅覚・味覚・触覚などの五感を認識します。ＨＳＰが直観力に優れているのもそのためです。

右脳の記憶容量は左脳に比べて大きく、ＣＤやＤＶＤのように多量な映像情報や音楽情報を、データとして記憶することができます。またその処理スピードも、左脳とは比べものにならないほど早い。

ミラーニューロンは、これまで左脳にあるとされてきましたが、最近の研究では右脳にも存在するという説も出ています。

いずれにしても右脳、五感が発達している敏感な人は、先に述べたミラーニューロンの働きも活発です。

磨かれすぎた鏡を持っているようなものです。

それゆえ、見たくないものまで映し出してしまうのです。

ミラーニューロンは、人の外見のマネだけではなく、相手の不機嫌、不快感、緊張をも感じ取り、それを自分の感情として取り入れてしまいます。

卒業式などで、隣の人が泣くともらい泣きしたり、赤ちゃんや幼児の泣き声を聞いて、自分も泣き出したくなる女性もいます。

テレビやドラマを観て、登場人物の感情を自分のように感じる能力も高く、逆に、暴力シーンを見ていると、自分が暴力をふるわれているように気分が悪くなる人もいます。

自分は病気ではないのに、病気の人の立場に立てる。

自分は豊かな生活をしているのに、貧しい国の人の立場を思いやれる。

敏感な人は、優しく、思いやりのある人が多いのです。

それが裏目に出て、「貧しい人」やいま現在困っている人が近づくのを嫌がったり、話を聞くのを拒否する人もいます。

自分がまさに、その立場にいるような気がして、不安と恐怖に襲われるからです。

「他人との境界線が薄い」と言われるのは、そのせいです。

他人は他人、自分は自分と割り切れないゆえに、他人の問題をいつのまにか引き受けてしまい→混乱→疲れ→自己嫌悪といった、悪循環に陥るのです。

電磁波、超音波、紫外線、アレルギー、そして超常現象までもキャッチ

他人に感情移入しやすいＨＳＰは、相手の人格に憑依《ひょうい》することもあります。イタコやシャーマンといった人々は、「チョー敏感な人」たちだと思われます。

幼い時から周囲の異変を感じ取る能力が強いため、多くの人に警告を発する役目を負うことになったのでしょう。

右脳の働きが強い人は、無意識からの働きかけを受けやすいと言ったのは心理学者のユングです。

彼もまたＨＳＰで、無意識を個人的な無意識と集合的（普遍的）な無意識の二つに分けました。

個人的な無意識とは、自分では意識しないままに、蓄積されていった情報や知識。集団的無意識とは、民族、人類全体の記憶や知識が埋め込まれ、祖先から受け継がれ蓄積されているものです。

感性が鋭く、普通の人が逃すものまでキャッチする敏感な人は、神のお告げや心霊現

象まで体験する人が多いのです。

しかし、不思議な現象を体験したとしても、それを特別視することなく、大自然のなかの一つの現象と割り切ることも、ある意味必要なことだと思います。

「チョー敏感な人」には、アレルギー体質の人も多いものです。アレルギーは、身体のなかに入った異物に反応するものなので、ある種の異物に反応してしまう。

食べ物だけではなく、家電、パソコンなどが発する電磁波に反応する人も少なくありません。

携帯にメールが来ると気分が悪くなる人もいます。特定の人からだけではなく、どんなメールが来てもそうなるのです。

知り合いの子どもで、サッカーやバレーのボールが顔に当たると赤くなり、痒《かゆ》くなって試合に集中できなくなる人がいました。

ちょうどＨＳＰのことを知ったばかりだった私は、彼もまたＨＳＰではないかと思い、そのことを告げました。彼は自分が「チョー敏感な人」だと知り、ボールが当たってアレルギーを起こすのもそのためだとわかったことで、謎が解けた思いがしたのでしょう。

そのあとボールが当たっても、なぜかアレルギーが出なくなりました。

心が身体に作用した幸運な例です。


自分が何に、どんな風に反応するのかを知る。


その原因を遠ざける。電磁波などの発生源からできるだけ距離を置くことです。

先ほどのメールで気分が悪くなる人の場合は、メールの着信音に反応するのかもしれません。いずれにせよメールが来たときに不快を感じるわけですから、メールはまとめて読むという風に、スマホや携帯電話を触る回数をできるだけ少なくしてください。

食べ物や電磁波などでアレルギーを起こす人すべてが「チョー敏感な人」とは限りませんが、ある「特定のもの」に対しては敏感に反応する「敏感な人」が増えているのは確かなようです。

第二章まとめ

★「チョー敏感な人」は脳のなかに「目の細かい網」や「磨かれすぎた鏡」を持っているようなもの。
不必要なものまで受け取ったり、見たくないものまで見えてしまう。
だから疲れやすい。
ときには鈍感さを装うことが必要。

★HSPとうつ病は似ているがまったく違う。
「隠れうつ」や「プチうつ」の人は、「チョー敏感」なだけかもと考えてみる。

★「チョー敏感な人」は楽しくても疲れる、と知っておく。
子どもが遠足やお泊りで興奮しすぎて眠れない、次の日には熱が出るなどの症状が出たら、「敏感体質」ではないかと考えてみる。

★「敏感な人」はストレスを感じていない平時でも神経が昂っている状態にあって、嬉しい、悲しい、楽しいといった感情の昂りに対して疲れを覚えやすい。

★アレルギー体質の人（子ども）には「敏感体質」が多いと知っておく。

★「チョー敏感な人（子ども）」は想像力が豊かでおとぎ話の世界などにも敏感に反応し、理解も深い。
★光、音、電磁波など、見えないものにも敏感に反応する。
★「敏感体質」だからといって、いたずらに恐れるのではなく、コントロールする方法さえ押さえれば、大きな長所となることを知っておく。

第三章

その敏感さ、実は大きな長所、才能です

——漱石もアインシュタインもゴッホも、みんなＨＳＰだった

自分の身に起こったかのように、実際に痛みを感じる

ベストセラー作家村上春樹はある作品のなかで、カフカの「処刑機械」について、「まるで自分がその場にいて実際に処刑されているように感じるんだ。想像のなかではなくリアルな痛みとしてね」と主人公に言わせています。

村上春樹氏はＨＳＰではないでしょうか。

人と付き合うのが苦手で、いわゆる「文壇」からも距離を置き、他の作家ともあまり付き合わない。作家になる前は、自分は会社勤めはできないとジャズ・バーを経営、その資金を貯めるために「ありとあらゆるバイト」をしたと言います。

そのときも、「なんで自分だけが小突き回されなくちゃいけないんだ」「俺が何をしたというんだ」と、周りの人から疎外されてきたと述べています。

「チョー敏感な人」は、その才能が開花するまでは、先に述べた通り群れない、そのため「何を考えているのかわからない異質な人」として、いじめに遭いやすいのです。

それでも、持ち前の繊細さ、敏感さで世界を観察し、才能を開花させた人は数多くいます。

「敏感さ」は、欠点ではなく、長所、能力、才能なのです。

この章では、あなたのなかにある「高感度センサー」のメリット、また実際にそれを武器に重要な仕事を成し遂げた人を紹介するとともに、それを生かすためには、どんなことに注意すればいいのかを紹介していきます。

モノの良し悪し、違いがわかるGACKT

「AとBのどちらが高級品ですか？」

「芸能人格付け」と称して、こんなテレビ番組がありました。

そのなかで、常に間違えず、連勝を誇っていたのはミュージシャンのGACKT（ガクト）さんです。

番組は、たとえばワインやステーキ、トリュフなど味や香りで比較できるもの、あるいは楽器など音で比較できるようなもので、安価なものと高級品を比較させ、どちらが高級品なのかを当てるというもの。

安いものと高価なもの。その違いはすぐにわかりそうなものですが、番組では試す人が混乱するような工夫を凝らしていて、高級品を当てるのは難しい。

あれらの問題に正解を出すのは、数多くの高級なものを実際に食し、触り、音を聞くといった経験値も大切ですが、それ以上に試されているのは「敏感さ」です。

どんなに高級品を知っていても、そうではないものとの違いを知っていなければ正解にはならない。百万円と五千円のワインを見分けるとき、ガクトさんは、

「間違うことがあれば、帰ります」と自信を見せていました。

「チョー敏感な人」は、いろんなものの違いがわかる能力に秀でています。

五感が発達しているので、ものの違いがわかるのです。

もちろん人によって、音、匂い、味覚……と得意分野はそれぞれですが、何かに接するときに意識すれば、普通の人よりその能力に磨きをかけるのは容易なのです。

その特徴を生かして、たとえば、料理人やソムリエといった職業に就く人は多い。

どんなことでも熟練に至るには、その良し悪しがわかることが大前提です。

歌の上手な人は、ほかの人の歌の音感、声など、細かいところまで違いがわかるものです。違いがわかるからこそ、自分もまた上達するのです。

人をマネるのがうまい

人をマネるのがうまいのも、「敏感な人」の特徴です。

前にも述べた通り、これは脳のなかのミラーニューロンが人一倍敏感なためです。

映画やお芝居に出演する人物に感情移入し、あたかも自分がその人になったような気持ちになる。

映画館から出てきたとき、まるで自分がその映画の主人公になった気持ちは多くの人が経験することです。「敏感な人」は外面的なマネだけではなく、その俳優がふと見せたしぐさやくせ、口調など、ほかの人が気づかなかった部分をもしっかり頭のなかに刻み込んでいるのです。

映画一本のなかにも、音、映像、照明……いくつもの感じる要素があります。

それらがいっぺんに襲ってくるので疲れたり、子どものなかには、怖い映画ではないのに泣き出す、夜眠れないといった事態に陥ることもあります。

あまりに強く刺激を受ける場合は避けたほうがいいのですが、自分が好きな分野なら、その敏感さを武器にほかの人がスルーすることに気づくのです。

敏感だからこそわかる、見える世界を持っていることは、強み、自信につながっていきます。

元来「学ぶ」という言葉は「まねる」から出たと言われています。

「まねる」イコール学ぶことでもあるのです。

人は周囲の人間の言葉をマネ、マネをして絵を描き、文章を書き、ほかの国の言葉までもマネながら学んでいくのです。

敏感な人は、その敏感な鏡を使って、自分の周りにいる「尊敬できる人」「こうなりたい人」をマネてください。

耳から入ってくる声や言葉にも敏感なので、たとえば成功者の講演などを録音したCDなどを聞いていると、彼の言葉が無意識のなかに入り、いつしか同じような「成功思考」を持つようになる。

成功したければ成功した人のマネをしろと言われますが、「チョー敏感な人」は、それが普通の人よりもたやすくできる能力をあらかじめ授かっているのです。

もし、あなたがこの能力を最大限に生かし、成功者のマネをしたならば、いつしかあなたはその人と同じような成功者になれるかもしれません。

他人の苦しみがわかる

私は長いあいだ常に周囲の人の顔色を伺い、自分が他人に気に入られているかと気にして生きてきました。過去のことを突然思い出し後悔のため夜眠れなくなるなど、過去に現在を圧倒されることも何度もありました。人との境界線が薄いだけではなく、過去と現在の境界線もまた薄いのです。

そのため、脳のなかはいろんな情報が入り乱れ、混乱してしまうのです。

周囲の人間からは「変な人」と見られてしまい、評判を気にする私としては自分を「ダメじゃないか」と批判してしまうのです。

私の場合、外見は豪放磊落《らいらく》に見えるだけに、「ああ見えても、実は気が小さいやつだ」などと口さがない言葉もこたえました。

大学の教授のなかには、「悩みなんかまったくない」「怖いものはない」と豪語する人もいて、そういう人がうらやましくてなりませんでした。

そんなとき、ある心理学者に、

「彼のように悩みのない、いつも元気な人には他人の苦しみや悲しみがわからない。それは逆に可哀そうなことだ」と言われ、はっと気づいたのです。

私が大学で教え、本を書き、それを多くの人が読んでくれるのは、他人の苦しみを自分のことのようにわかり、理解し、上から目線で解説するのではなく、一緒に解決の道を探ろうとしているからではないかと気づいたのです。

敏感すぎるのは、最初に述べた「アナ雪」のエルサのように、自分をコントロールする方法を見つけるまではとても苦しいことです。他人が悩まないことを自分だけが、クヨクヨと悩んでいるように思えるからです。

しかし、**社会で尊重されている多くの人は皆繊細で、他人の気持ちを理解している**と、この年になってわかるようになりました。

他人の気持ちがより深く理解できる。

この特徴は、カウンセラーや医師、弁護士、心理学者といった職業に向いています。こういった職業の人には、自分の苦しみや悲しみをなんとかしたいと学び、その道に進んだ人が多くいます。

またそんな気持ちを持って職業に就く人は、自らの経験を踏まえて物事を捉えるので、優れた専門家になれるのです。

敏感な人は、また自らの身体のささいな変化にも気づくことが多いので、身体に関する職業にも向いています。

ヨガ、太極拳、気功のインストラクター、マッサージ師、鍼灸《しんきゅう》師などもふさわしい職業です。

ノマド・SNSの活用

人とのコミュニケーションが苦手な「チョー敏感な人」にとって、インターネットは便利な存在です。

必要なことはほとんどメールでやり取りできるので、最近では会社に行かず、自宅で作業する人も増えています。

通勤時間がかからないメリットもありますが、「敏感な人」にとっては、相手の声、表情、しぐさに直接影響されないことがなによりです。

ノマドとは「遊牧民」の意味ですが、最近ではカフェなどを回りながらネットを駆使して仕事をするノマドワーカーも増えています。

ネットはサーフィンし始めるとキリがなく、また情報過多になる傾向もあるので、マイナス面を強調されがちですが、「敏感な人」にとっては、仕事の幅が大きく広がるチャンスなのではないでしょうか。

自作のバッグや洋服をネットだけで販売するビジネスもどんどん増えています。

また人とのコミュニケーションが欠かせないコンサルタントといったビジネスも、ネットを活用すれば直接会わずに、ノウハウだけ、理論だけを提案することもできます。

ビジネスを広げていくには口コミも重要ですが、いまではＳＮＳが普及しています。これをうまく使ってビジネスチャンスを広げていくことが大きな成功のカギとまで言われています。いまの時代は、人と対面することが苦手な「敏感な人」にとっても大きなチャンスなのです。

こうして見てみると、成功している人の多くは「チョー敏感な人」が多いのではないでしょうか。あなたの周りでも、成功している人をよ～く観察してみてください。

彼らは最初、敏感さに生きづらさを感じながらも、コントロールする方法を見つけ、自分のなかにある可能性を育ててきたのです。

仕事をする上で成功するためには、どんな仕事であろうと繊細さ、敏感さは必要不可欠。才能とは英語でギフト、つまり天からの贈り物のことですが、「チョー敏感な人」はあらかじめ成功の要素を持って生まれた幸運な人とも言えるのではないでしょうか。

自分の敏感さはどの分野にどんな風に存在しているのか、それこそ神経を研ぎ澄まし探ることで、「敏感さ」を生かす術を獲得してきたのです。

次の章では、その敏感さをコントロールする方法を提示します。

第三章まとめ

★「チョー敏感な人」は自分のなかに宝物を持っていると考えるといい。それは繊細で壊れやすいので、大事に扱う術を知ってほしい。

★ミラーニューロンが発達しているので、本来学習能力が高い。尊敬できる人、こうなりたいと思う人の映像や言葉、話し方などをマネすることで、その人の態度、話し方、言葉の使い方、態度などを学習してください。そうすることで、いつしかあなたは、その人に自分の個性を加えた人物になっているはず。

★繊細な味覚や感性を生かす道を探すべき。

★いま、自分がその場所にいるなら、繊細さをこれまで以上に意識し、使うことで、より深みのある世界に進むことができるはず。

★思いやりがある、他人の悩み、苦しみを自分のことのように感じる能力がある。それだけに他人の身に起きたことを自分のことのように受け止め辛い思いをすることもありますが、のちに述べるコントロールする方法を覚え、人を助ける仕事に大きなパワーを発揮できると自信を持ってほしい。

★自らの「敏感体質」を武器と捉える。
ある道で成功している人の多くは、敏感体質。自らの敏感さを探り、それを武器にする方法を考えたほうがいい。
★パソコン、ＳＮＳを活用できる仕事を探してみるのもいい。

第四章

もう他人に振り回されないために

――自分を守る「魔法の言葉」を手に入れる

脳のなかの不必要なものを捨てる

最近、「断捨離」という片付けの実践法が、多くの人の生活や考え方を変えています。汚れでいっぱいの「汚部屋」（おべや）を、「断つ」「捨てる」「離れる」という方法で住みやすい部屋に変えるというものです。

この言葉、もともとはヨガの行法《ぎょうほう》が由来となっています。

「断」とは入ってくるいらないモノを断つ。

「捨」とはいらないものを捨てる。

「離」とは執着から離れる。

不安や恐れという、必要ないモノまで頭に入れているという意味で、「脳のなかに汚部屋がある」わけです。「チョー敏感な人」は、小さい網目の網を持っているため、その網に、本人が必要としない、邪魔なゴミまでひっかかるのです。

この章では、脳に入る必要ないものを処分する方法や、頭をすっきりさせるための対処法と「魔法の言葉」をご紹介します。才能という植物をのびのびと育てるため、周りの雑草を取り除き、「魔法の言葉」という養分を与えるのです。

どんなものにも振り回されない自分を作るための方法は、意外にシンプルなものです。

自分の感じたことを「見える化」する

部屋の片付けでも、最初にやることは、自分が持っているものを把握することです。

そのためには、少々荒行ではありますが、持っているものを全部一カ所に出してみることです。

自分は、こんなにものを持っているのか、こんなに必要ないものを溜めこんでいるのかと、自分の目で確かめることです。

「チョー敏感な人」も、自分がどんなモノにどんな風に反応するかを「知る」ことが大事です。心理療法でも使われる考え方で、「自分が抱えるHSP」について、より詳しく知る。

同じ「敏感さ」でも、**何にどんな風に反応するのか、一人ひとり違う**からです。

一般的なHSPについてある程度理解したら、次にやることは自分自身のHSPについて知ることです。自分は何に対して敏感で、どのような反応をして、その結果どんな問題を抱えているのかを特定することが大切です。
そのためには、**自分の感情を「見える化」**してみましょう。
そんなこと無理だとお思いですか。
モノは見えるけど、自分の敏感さ＝感情は見ることができないよ、と。
いいえ、それができるのです。
その方法はいたって簡単です。
これまでの自分の状況を思い出し、それを「書いてみる」ことです。
書くことによって、「見える化」「可視化」させるのです。

一番簡単なのは、その日にあった出来事と自分の状態を書き留めることです。

行った場所、食べたもの、会った人……。
そのとき、なんだか嫌な感じがした。
親切過ぎて不自然さを感じた。
別れたあとどっと疲れが出た……。

楽しかったけど、夜興奮して眠れなかった。

楽し過ぎても興奮するんだ。

次の日シンドいから、飲み会の回数を減らそう……。

サプライズは嬉しかったけど、胸がドキドキして息が苦しくなってしまった。

誕生日にはちょっと用心が必要かも……。


と、こんな風に思いついたことを書き留めておきます。

「敏感すぎる人」には、化学調味料や化学繊維などに反応する人もいます。レストランを出て気分が悪くなったら、それは一緒にいた人が原因なのか、食べたものが原因なのか、自分の敏感さを生かして吟味してみる。

パソコンの前に長時間いて具合が悪くなったら、それは姿勢が原因なのか、電磁波が原因なのか考えてみましょう。

決まった時間ではなくても、思いついたときに書き留めることから始めてみましょう。

ある程度日常的な「自分の敏感さ」が把握できたら、次はより敏感になりやすい、反応しやすいシーンをシミュレーションしてみます。

たとえば、大事な会議を明日に控えていたときのことを思い出してみてください。

前の晩の自分はどんなだっただろうか。

ちゃんと眠れただろうか。

その日の朝の気分、緊張のために朝ごはんも食べたような気がしなかった。

通勤途上では、いつもより気が重くて、家に引き返したいような衝動に襲われたがぐっと我慢した。すると息が苦しくなった。

会社に着き、会議の前には身体が緊張して、書類を持つ手が震えていた。

会議の最中、発言しているときには、不思議に、自分が調べたことに集中していたせいか、不安や恐怖を忘れていた。

反論されたときには、どぎまぎしてしまったが、あらゆる角度から調べていたせいか、どうにか相手を納得させることができてほっとした。うれしかった。

その夜は、反論されたときの自分の無様《ぶざま》さを思い出して恥ずかしさにいたたまれなくなった。

言葉に詰まった自分が情けない。

周りのみんなも本当はあきれていたのではないだろうか。うまく説明できたと思ったのは間違いかもしれない……。

とまあ、こんな風にです。

ちゃんと書こうとしなくてもいいのです。

メモ程度の殴り書きでもいいのです。

「書く」ことで、自分の感じたことを客観的に理解できます。

脳の混乱を鎮め、心を軽くする効果があります。

電車のなかの音、人との身体的な接触、電磁波……、これまでの事例をもとに、自分が何に、どう反応するのか、**「自分の敏感リスト」**（P１３３参照）を作成してみてください。

このメモを蓄積することで、自分が何にどんな風に敏感なのか、「見える化」が蓄積され、自分の「取り扱い説明書」、つまり「トリセツ」ができるわけです。

「ずっと優しく正しく扱ってね」と歌う歌手の西野カナさんの歌『トリセツ』がヒット

しました。「チョー敏感な人」は、この歌をマネて、自分の「トリセツ」を相手に渡しておくと、無理をしないお付き合いができるのではないでしょうか。

何度も言いますが、「チョー敏感である」ことは決して欠点ではありません。むしろ高感度のセンサーを持っているわけですから「優秀な、誇るべき」ことです。

堂々と、「私ってＨＳＰ、チョー敏感気質なの」と告げておきましょう。

「自分のトリセツ」を作れば自分の傾向がわかり、対策も容易にできます。

そして書きながら、「敏感すぎる自分」を見守る、もう一人の自分を意識化することもできます。

もう一人の自分が、「大丈夫だよ、心配していたけど、あの会議はうまくやったじゃないか」と、「敏感すぎる自分」を守ってくれるとイメージしましょう。

「書くだけ」のダイエット法が人気を呼んだことがあります。「書くだけ」で自分が食べたものが明確になり、食べることに意識的になるわけです。

その結果、食べるものを前にしたとき瞬時に、「この食べ物が身体にいいか、悪いか」がわかる。悪いものは食べないという選択ができるのです。

行動（出来事）と不安度（敏感度）を「見える化」した例

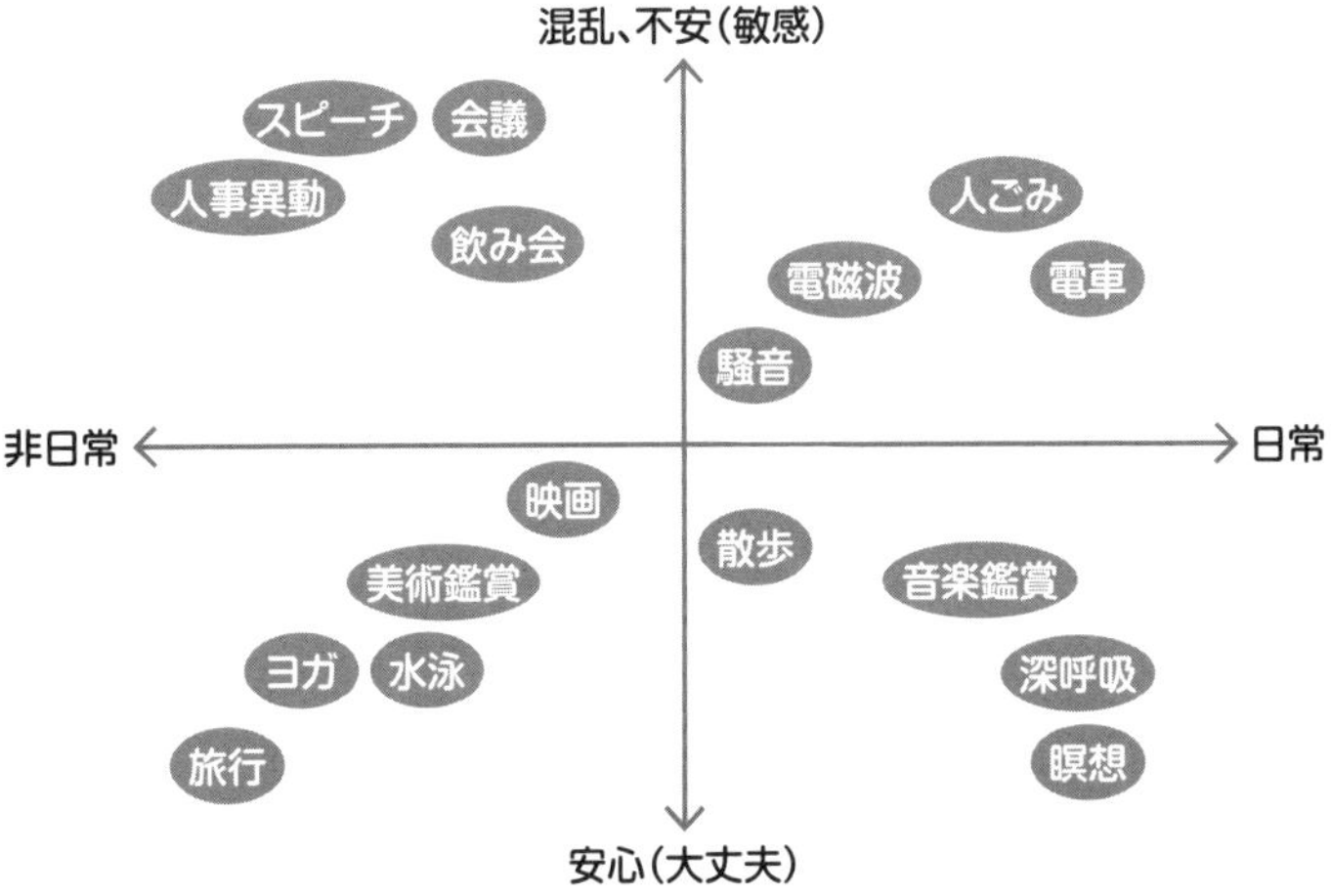

業務と不安度（敏感度）を「見える化」した例

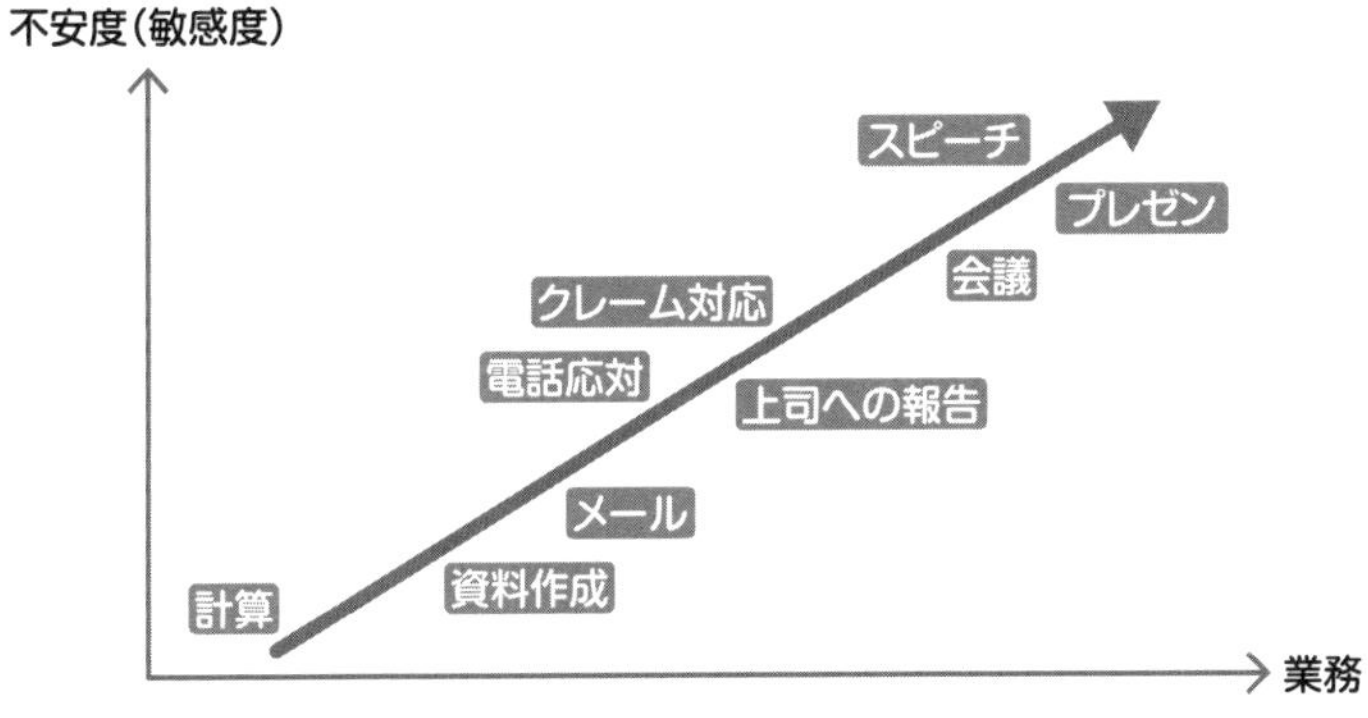

同様に、自分の感じ方を書くことで、同じシーンを前にしたときの自分の反応がわかり、準備ができます。

「大丈夫、きっとうまくいく」と、実際に声に出してもいいでしょう。

のちに述べますが、言葉には自分が考える以上の力があるのです。

ただし、書いているときに、そのときのことがよみがえり、不安になったり気分が悪くなったときには、すぐにやめてください。

そんなときには「大丈夫、きっとうまくいく」と口に出していくだけでもＯＫです。

機会をみて、簡単なことから再度試してみましょう。

大切な人の「気持ち辞書」を作る

自分の気持ちを表すことに不器用な人がいます。

嬉しいのに嬉しそうな表情ができない。悲しいのに泣けない。怒っているのに何も言えない。相手の好意に対して「どうも……」としか言わない。

そういう人を相手にすると、「チョー敏感な人」はつい深読みしてしまいます。

「私のやったことは逆に迷惑だったのかしら」「余計なことしたのかしら?」と考え続けてしまう。

「チョー」が付くほど敏感な人ではなくても、相手の出方、表情によっては深読みしてしまうものです。敏感な人は、「笑っていたけど、実は怒りをごまかしていたのではないだろうか」「ありがとうとは言ってくれたけど、表情は迷惑そうだった。迷惑だったに違いない」と、あれこれ忖度《そんたく》し、いつまでも思い悩んでしまうのが特徴です。

それでなくても人との付き合いが苦手なのに、これではますます人とのコミュニケーションがシンドくなってしまいます。

長年、深読みしてはあれこれ思い迷う……そんな苦しみを味わってきた私は、あるとき思いついたのが**「他人の気持ちの辞書」**を作ることでした。

「この人は嬉しいときにもあまり喜びを表さない。単にうん、と言うだけだが、それは彼が照れ屋だからだろう」

「この人は怒ったときは言葉で表さず、その場から去ってしまう」

「この人の声はいつも怒ったときのように大きいけど、これは彼の特徴だ」

という風に、相手の言葉や表情、しぐさの特徴をパターン化した辞書を作っておくのです。

自分のトリセツと同時に大切な人のトリセツも作るわけです。

他人との境界が薄く、他人の思いに振り回され続けてきた私にとって、この辞書はとても役に立ちました。辞書を作るために、相手の言葉やしぐさを注意深く観察するのが楽しみになったくらいです。

辞書の利点はいくつもあります。主なものは、

1 相手の言葉やしぐさを客観的に眺めるため、自分にだけこんな態度をとるわけはないと一般化できる。
2 相手の態度に対し機械的に対応できるので、疲れが少なくなる。
3 辞書の項目が増えるにつれ、ほかの人への応用ができる。
4 大切な人の気持ちにより注意深くなるので、相手からの好感を得やすい。
5 相手との境界を作る助けになる。

この辞書作りは、一朝一夕にはできません。それに、完成することはありません。上司や恋人など「大切な人」が変わる場合もありますし、相手の考えが変わる場合もあります。

常に「更新」と「上書き」が必要ですが、思い立ったが吉日、早速始めてみましょう。

サンプルが増えるにつれ、あなたはいつのまにか人間通になっていることでしょう。

加えて、そのサンプルは仕事にプライベートに大いに役立つ。

そしてあとから読んでみると、当時の「大切な人」との思い出、しぐさ、クセなどがありありと浮かび、懐かしい気持ちになることができます。

もちろん辛い思い出は、その部分を破棄することで脳からも追い払うようにします。

過去の自分は過去の自分で、今の自分とは違うと切り捨てるということも大切です。

釈迦の教えのなかに「過去を追うな」というものがあります。

過去を追うな。未来を願うな。

過去はすでに捨てられた。未来はまだやってこない。

だから現在のことがらを、現在においてよく観察し、
揺らぐことなく動ずることなく、よく見極めて実践すべし。
ただ、今日なすべきことを熱心になせ。
誰か明日の死あることを知らん。

過去は過去、いま現在の自分と相手に集中しましょうということです。

ただし、この辞書作りに熱中しすぎるのは要注意です。

あくまで参考レベルにとどめておきましょう。

「敏感な人」は、一つのことにハマる傾向があるので、現実への対応より辞書作りに熱中しすぎてしまっては本末転倒になってしまいます。

安心を「見える化」するのは習慣の力

野球選手のイチローがバッターボックスに入ったとき、いつも同じ動作をしているのに気づいている人は多いと思います。また最近はやめたという話ですが、何年もの間、

毎日朝食でカレーライスを食べ続けていたそうです。

彼だけではなく、**アスリートにはしぐさを習慣化している人がとても多い**のです。

ラグビーの五郎丸選手の両手の指を合わせるポーズは有名になりました。

大切なシーンの前に同じしぐさ、動作をすることで、自分はどんなときでも変わらないと確認し、平静な気持ちで臨むことができるのです。

またポーズ、しぐさを習慣化することで集中力を高め、平常心を保つこともできます。

リラックスするのがなかなかできないので、リラックス・モードに入るためのしぐさを決めている人もいます。

家に帰りテレビをつけるとリラックス・モードにスイッチが入る。

お風呂に入れる入浴剤をいつも決めている。

ベッド周りには決まったアロマオイルを用意している、などリラックスするための習慣、決まりを持っている人は多いと思います。

こうしたルーティンを緊張するシーンに使っているのが、先に挙げたアスリートたちです。緊張しても普段通りの自分の実力を出すために、緊張、興奮を収め、疲れを取るのもアスリートたちの大事な仕事なのです。

ときとして大勢の人の前で豪快なパフォーマンスを披露し、勝利を導くので、豪胆な人が多いのだろうと思われがちですが、むしろ「敏感な人」が数多くいます。彼らはその敏感さをコントロールするために努力を重ね、様々な方法を模索しているのです。アスリートに必要なものは、技術とメンタルの強さと言われます。そのメンタルを鍛えるため、イメージトレーニングなど、最新のノウハウを取り入れているのです。

私たちもこれを応用してみましょう。

この動作をすれば、安心していつもの自分が出せる。

あるいは、この動作をすれば緊張がほぐれる。

そんなしぐさを作っておくのです。

たとえば、緊張をほぐす動作として、次のようなものがあります。

① 左の手のひらを右の手のひらでなでる

なでることで、オキシトシンというホルモンが出るため実際に落ち着いてきます。

オキシトシンのことは「チョー敏感な人」は知っておいたほうがいいでしょう。

脳のストレスを感じる部位に扁桃体があります。痛みやストレスがかかったときに不安や恐怖を感じる場所です。慢性の痛み、認知症などの症状の悪化に深くかかわっています。慢性の痛みや強いストレスがあると扁桃体はずっと興奮し続け痛みがさらに増幅し、血圧の上昇や不眠などが起きてしまいます。

ところが、この扁桃体は、身体を優しく触られるとオキシトシンが出てきて興奮が抑えられるのです。

もちろん、触ってもらう人は信頼のおける人です。

本来はほかの人に触ってもらうことで出るホルモンですが、自分でゆっくりなでても気持ちいいものです。

オキシトシンは、信頼のおける人の声を聴くだけでも分泌されます。

たとえば、人前で何かスピーチをしなければならず緊張しているとき、電話でその声を聴くだけでオキシトシンが分泌され、落ち着くといいます。

人前に出るとき、緊張しているとき、電話一本で緊張を緩めてくれる人がいるといいですよね。

②手のひらで胸を三回叩く

これは、喝《かつ》を入れるという意味で有効な動作です。三回に根拠があるわけではなく、自分が気持ちいい数でけっこうです。

この動作を行いながら、気合が自分のなかに入っていくところを想像します。普段いつも行うような動作では、動作と安心感が結びつかず、スイッチが機能しないこともあるので、日常的に行わない動作のほうがいいでしょう。

動作を行いながら、**「私は守られている」「これで大丈夫」**と心のなかで唱え、自分を守るバリアを思い浮かべるなどしてもいいでしょう。

習慣化は、「自分が自分であること」を確認するのにとても効果があります。

作家の村上春樹さんは、毎日ジョギングをする、執筆は決められた時間内、どんなに筆が進んでもそれ以上はやらない……、など毎日を習慣化することで、数々の作品を、それもマイペースで書き上げていきました。

『西の魔女が死んだ』（梨木香歩）の主人公は、いじめに遭い登校拒否になりました。そのため魔女であるおばあちゃんの家に預けられるのですが、おばあちゃん曰く、「この世には、悪魔がうようよいます。……しかも精神の弱い人間を乗っ取ろうといつも目を光らせているのですよ」と注意を促します。

人を振り回し、コントロールしようとするバンパイア、あるいは悪霊のことです。

「悪魔を避けるためには、精神を鍛えなくてはなりません」

その方法は、規則正しい毎日を送ること。

非常にシンプルです。

毎日の生活で心身を鍛え、その上に自分を守るためのしぐさがあれば、緊張も悪魔も遠ざけることができるのです。

安心という感情は、目に見えないものですが、ある動作によって、それを「見えるもの」にしてしまう。

目から「安心情報」を入れることで、安心をも習慣化させてしまいましょう。

自分の「刺激要因」を「断つ」

脳のなかの混乱が「書くこと」によってある程度「見える化」できたでしょうか。

「見える化」の次は、「自分を不安にする」**マイナス要因をブロック＝遮断**します。

特定の音に反応する場合、その音を遮断する。

しかし「言うは易し、行うは難し」、ですね。

公共の場では、音そのものを遮断することはできません。

その場合は、ノイズカットのイヤホンを付ける。

子どもや赤ん坊の泣き声を聞くと不安になったり、いらだつ人もいます。

子どもが泣く場合には、「お腹が空いた」「おしっこをしてお尻が気持ち悪い」「眠い」といった理由があります。

ある女性は、子どもを産む前には赤ん坊の泣き声を耳にすると、責められている気分になり、不安で一緒に泣きたくなったそうです。その後自分が子供を産むと、赤ん坊の泣き声は、むしろ自分を求めていると知り、不安から解き放たれたと言います。

痛みは、それが身体に危機をもたらすと思うから余計に痛いと感じるのです。治すための痛み、つまりその声や音が自分の身を危うくするものではない、かえって愛しいものだと分かれば、痛みは軽減します。

その音や光が自分を脅かすものではないと、その正体を突きつめるのも一つの方法ではないでしょうか。

電車のなかでの人との接触が苦手な人は、時間差通勤をする。

あるいは、座るとどうしても隣の席の人と接触するので、ずっと立っている方が楽だという人もいます。

仕事中に大勢の人がいて集中できない場合は、別の部屋に行くといった方法を取ることもできます。

これら物理的な「断つ」のほかに、「敏感な人」には、人に頼まれると「断れない」人も数多くいます。

人の頼みを「断つ」ことができず、何もかも引き受けてしまう。仕事ならまだしも、飲み会や誘いを「悪い」と思って断れない。

私もそんな一人です。

結局ドタキャンして相手に迷惑をかけてしまったこともたびたびというのは、先に述べた通りです。

断ると、嫌われるのではないかと恐れる。

次にはもう誘ってくれなくなるのではないか、そうなると、自分は仲間外れにされてしまうのではないかといった心配や不安に次々と襲われる……。

それが断れない理由になっています。

しかし、私のドタキャンのケースのように、「断ったほうが良い関係」を保てることのほうが多いのです。

面と向かって断ることができない人は、**「ちょっと考えさせてください」**とまずはその場での即答を避けます。

そのあと、メールで断るという方法もあります。

いまはメールやSNSのお陰で顔を合わせることなく、自分の気持ちを伝えることができる時代です。「敏感な人」には、生きやすくなったとも言えるでしょう。

仕事で利用するとともに、プライベートでも大いに利用しましょう。

自分を責める気持ちを捨てる

ミスをしたり、人からの頼みごとを断ったりすると「チョー敏感な人」は、人から嫌われるかもしれないと恐れると同時に、「自分を責める気持ち」を抱いてしまいます。

「他人に責められる」と思い込み、先回りして、自分で自分を責めてしまうのです。

仕事でミスして、「ミスしたために、部の皆に迷惑をかけてしまった」「せっかくあの人が立てた企画を、私のミスでめちゃくちゃにしてしまった」と考える。

しかし、あなたのミスは、それほど大きなものなのか、その仕事自体が、成り立たなくなるほどのミスなのか冷静になって考えてみましょう。

ミスして自分を責める気持ちは、「仕事へのダメージ」より「自分への評価」が落ちることに起因することが多いのではないでしょうか。

オリンピックでの集団競技でミスした選手でさえ、いつまでもミスを引きずっていること自体のダメージのほうが大きいと言います。

あなたのミスで負けたとしても、真摯に取り組んだ結果なら、それ自体であなたを責める人こそ、責められる人かもしれません。

なぜなら、スポーツに限らず、何かをやるなかで、ミスしないことはあり得ないことだからです。

「あのときついしゃべったことが相手を傷つけたかもしれない」

「あのとき、相手に失礼なことを言ったかもしれない」

本当に相手は傷ついたのか、本当に不快になったのかは神のみぞ知る。どんな言葉にどんな反応を示すのかは人それぞれです。

にもかかわらず「こうすれば、こうなる」と、原因と結果という因果関係を勝手に思い描き、自分を責める。

「かもしれない」というマイナスのカードをいくつも集めて苦しんでいるのです。

「あの人を不快にさせたと思うのは、私の思い込みかもしれない」

「失礼なことを言ったかもしれないと思うのは、相手に敬意を持っているからこそだ」

マイナスの「かもしれない」からプラスの「かもしれない」に、ここでも逆の発想をしてみることで、過度に自分を責める気持ちからまずは抜け出てみましょう。

完全主義、完ぺき主義を捨てる

「敏感な人」には、優秀な人が多いことには何度か言及しました。

そのため、「敏感な人」には、完ぺきを求める傾向があります。

自分は、「この部分が足りない」と、「足りない」部分が非常に気になってくるのです。

たとえば、とても美人なのに、自分は「鼻が低いから美人ではない」との思い込み。誰かと対面で話すときにも、相手が視線を動かすと、「アッ、鼻を見た。低いと思っているんだわ」と、落ち着かなくなる。

勉強もスポーツもできるのに、背が低いため、「もう少し背が高ければいいのに」と、誰かと一緒に立つことをそれとなく避けたりする。

強迫観念の一種ですが、「敏感すぎる」がゆえに、脳のなかで、自分の「欠点」が大きく拡大されているのです。

「鼻や身長の高い低い」は致命的なものでしょうか。

愛嬌がある、可愛い〜、など別の表現、言葉で語ることもできます。

何かを頼まれたとき、「引き受ける」「引き受けない」の二者択一しかないでしょうか。

人は「好きな人」と「嫌いな人」の二つに分かれるものでしょうか。

多くの人は、そのどちらでもない人なのです。

自分のやりたいことをやりたいようにした場合、十人のうちどのくらいの人が評価してくれるものなのかという実験があります。結果は、十人のうち一人か二人は良い（評価する）、二人は嫌い（評価しない）、残りの人はどちらでもない、という結果があります。

嫌う人が二人いるからダメだと思うのではなく、「評価してくれる人」が一人はいる。こう思うことが向上の秘訣です。

山に登るにしても、この道か、あの道かの二者択一ではなく、三つ目、四つ目、いや、まったく違う道＝方法があるかもしれません。

「人から何か頼まれた」ときには、「やる」「やらない」ではなく、「交渉してみる」という選択肢もあります。どのくらいの量なら、どのくらい時間があればできるかを交渉してみる。

結果として「やはりできない」となったとしても、「交渉する」ことで相手の考えもわかり、自分の誠意も見せることができ、好印象を残すことができるのではないでしょうか。

最近はテレビでも「サイコー」「サイテー」「サイアク」といった表現が氾濫しています。大げさに表現することで、視聴者に自分や、自分の考えを印象付けようとしているのでしょう。

しかし、現実のものごとはゼロか百か、白か黒かといったことでは割り切れません。

自分が完ぺきを求めるあまり、足りない部分ばかりが気になっているとしたら、世の中には「完ぺき」はないと知りましょう。

あなたから見て「完ぺき」に見える人もなんらかの「欠点」を持っているものです。むしろそれがあるからこそ、人はより魅力的なのではないでしょうか。

そして「欠点」と思い込んでいることも、「臆病は慎重」「神経質は繊細」というふうに**逆発想することで長所にできる**とゲームのように面白がって考えてみてください。

「人とうまく付き合えない」→「マイペースで物事を進める」

「大勢の人の飲み会などで自然に話せない」→「まずは聞くことに徹する」

そこから見えてくるものは、より深く、魅力的な世界なのです。

また物理的には、化学繊維の衣類など、アレルギーが起きやすい、肌触りが気持ち悪いと感じる衣類を処分してみましょう。

カーテンなども化学繊維のものが多いのですが、静電気が起きるため埃が付きやすい。それらを麻や木綿などに変えてみるのもよいのではないでしょうか。

自分を守る魔法の言葉をしっかり覚える

これまでは、あなたを振り回す人、そしてモノへの対処法をお話ししました。ここでは相手のことはひとまず置き、自分を守るための言葉をご紹介します。

世の中にはいろいろな人がいて、誰もがいろんな考えを持っています。

冷静に考えれば当然のことですが、「敏感気質」の人は、つい自分だけの考えに凝り固まり、それを「正しい」と思いがちです。

たとえば、こちらはケンカしたと思っていても、相手は「単に意見が違うだけ。君の考えがわかってよかったよ」というケースは案外多いものです。

「チョー敏感な人」は、「刷り込み」されている傾向が強く、思い込みが強いのです。

まず、この**刷り込みを解く**ことが大事です。

長年思い込んできたことは、そんなに簡単に解けるはずがないと思いますか？

それができるのです。

まず、「刷り込み」は多くの場合、言葉によってなされています。

「あなたはダメね」と、ふと聞こえた言葉。

「弱虫」「臆病」など、マイナスイメージの多くも言葉から生まれています。

「まず最初に言葉ありき」と聖書にもあるように、言葉はいろんな物事の始まりです。言葉によって傷つけられたり、ほめられて嬉しかったりする。そしてそれがその人の性格を形作るのです。

日本にも「言霊《ことだま》」という言葉があります。

私たちは言葉でコミュニケートします。自分の考えを伝え、相手の考えを理解します。同時に言葉によって自分の思いを変えることもできます。

私たちが美しい詩に感動したり、さまざまな歌に心を揺り動かされるのは言葉の力によるのです。

私は最近、**力のある言葉を使っていると、言葉が次第に力を増し、私たちの運を支配するようになると思うようになりました。**

なぜなら、同じ体験でもそれをプラスに捉えると脳内に活性化物質が分泌、マイナスに捉えると不安や恐怖のときと同じ物質が分泌されます。

その結果、体内や行動に違いが出てきます。

その違いが、その人の環境をも左右するからです。

言葉は力をもっています。

日本ではそれを古来から「言霊」と呼んできたわけです。

ある「刷り込み」からこうしなければならないと思いこんでしまい、そのために苦しむのなら、それをまた言葉の力で訂正することもできるのです。

私は自分に影響を与える言葉は心が欲している言葉だと思っています。

心は、その言葉を聞くと満たされ、癒され、安心するのです。

それを繰り返すことで、次第に癒す力が強まり、私たちの思い、感じ、意欲などに大きな影響を与えるようになるのです。

「心が欲している言葉」は当然、人によってさまざまです。

悩みや症状が違うのですから、必要な言葉、効き目のある言葉も違うのは当然です。

自己啓発本や宗教書を読み漁る人は、無意識のうちに「自分の心が欲している言葉」を探しているのです。

必要な言葉、心が欲している言葉が人によって違うといっても、吟味され選ばれた言葉には力、パワーがあります。

これからご紹介する言葉も、そんなパワーを持った言葉です。

選ばれた言葉は、栄養のある食材のようなものではないでしょうか。

そのまま身体のなかに入れても、人にパワーを与え元気にしてくれます。

しかし、慣れない食材、噛むと抵抗のある食材もなかにはあることでしょう。

その場合も、自分の事例に引き寄せ、何度も噛み、よく咀嚼することで、ゆっくりと消化、栄養に変わっていくこともあります。

ご紹介する言葉は、何十年も苦しみ、耐えがたい苦しみを抱えながら生きてきた私が、あるときは科学書から、あるときには救いを求めた宗教書のなかから、あるいは禅の言葉などなど、さまざまな分野を逍遥した結果、見つけた言葉です。

どれか一つでも、心に響けば幸いです。

「困ったことは起こらない」

「チョー敏感な人」は、小さな不安の種を独りよがりの考えのなかで、大きく育ててしまう傾向があります。

私自身もそうでした。

この言葉は、私が禅から学び、ずっと大切にしてきた言葉です。

何か事が起きて不安になり、動揺するのは、今起きていることが悪い方に向かうのではないかという恐れが心を占めるからです。

そんなとき、私はこの言葉を心のなかで唱えます。実際に口に出すこともあります。

仏陀は、人の苦しみはその人の心が作り出すもので、絶対的な苦しみは存在しないと仰っています。

何かが起きたとき、それを困ったことと感じるかどうかは、あなたの心次第です。

「困ったこと」だと思わなければ、それは困ったことにならないのです。

私は何年か前に、最愛の妻を亡くしました。

彼女とは18歳のときから60年以上、常に一緒にいました。米国に留学したときも、帰国後の浜松医大の時代も同じ研究室で席を並べていました。

公私ともども常に一緒にいて、敏感な私を、支えてくれました。

そんな人生の大切な相棒がいなくなったのですから、そのときの悲しみたるや、まさに、私の人生で最大の危機、「困ったことが起きた」のです。

どんなに唱えても、結局は起きるじゃないか、と思う方がいるかもしれません。

しかし、私は「最大級の悲しみ」のなかでも、これを「困ったこと」とは捉えませんでした。

人生には四つの苦しみ、生老病死があると、仏陀は言いました。

思うようにならない苦しみが「愛別離苦」、愛する者との別れです。愛すれば愛するほど苦しみが大きくなるとは、なんという矛盾でしょうか。

私は、そんな苦しみのなかにいながらも、考えました。

人はいつかは死ぬ、別れねばならない時がくる。

それならば、生きている間に人を愛し、助け、懸命に生きるしかない。人はいずれ死ぬのだから、生きている間は人のために尽くす生き方をしようと確信するようになったのです。

「困ったことは起こらない」のです。だから安心して日々を懸命に生きてください。

「すべてはよくなる」

先に人を振り回す人は「バンパイア」とも「悪霊」であるとも述べ、人のエネルギーを奪い取る、とも言いました。

そのなかで、梨木香歩さんの『西の魔女が死んだ』という本を紹介し、「魔女」から身を守るためには、「毎日規則正しい生活をする」という非常にシンプルな方法が述べられていると言いました。

「規則正しい」生活のなかで、自分のするべきことを淡々となしていく。

自分のやりたいことを、人と比較することなく、競争することなく淡々となしていく。

自分の目標を現実のものにするには、それしかありません。

日々、小さなことを積み上げていく。

それが「時間を味方」にする方法です。

そして、この方法こそ、今日より明日、明日より明後日。一年後より二年後、と時が経つにつれ、目標に、希望に、やりたいことに近づく一番の近道なのです。

日々を、自分のやりたいことに集中していれば、必然的に「すべてはよい方向に進み」ます。すべてはよくなる。

今、この瞬間も、すべてはよい方向に進んでいるのです。

「本音モード」を使う

人に誘われたり、一度にたくさんのことを頼まれたりしたとき、つい受けてしまいがちなのが「敏感な人」です。

こんなとき、とりあえずの対処法は、「ちょっと待って」と一呼吸置くことだと先に述べましたが、長期的な対策として役に立つのは**「本音モード」**です。

少し間を置いて深呼吸、それから、

「本音スイッチ・オン！」と心のなかで、自分の気持ちを切り替えます。その上で、

「私は一度にたくさんのことを頼まれると混乱するタイプなんです」

と前置きし、

「どれを一番先にやったらいいのか教えてください。優先順位に従ってやりたいのですが」と返事をします。

飲み会に誘われて断る場合は、

「実は私は大勢で一緒に飲んだり食べたりするのが苦手なんです」

と、苦手であるという本音をしっかり相手に告げておきます。

大勢ではなく、その人とは話をしてみたいと思えば、

「今度少人数の集まりがあったら声をかけてくれませんか」

と言い添えておきます。

自分の本音を言うことで、相手の依頼をひとまず「断つ」。あるいは、「距離を置く」

といってもいいでしょう。

持っているマイナスカードを捨てるための言葉

「やっぱりダメだったのね」「あの人が私を嫌いなのはわかっていた」「やっぱり失敗してしまった」……、「チョー敏感な人」は、幼いときの刷り込みのせいや、人の嫌な感情がわかってしまうため、「マイナスのカード集め」をする傾向にあると、先に述べました（第一章）。

ここでは、それら自分にとってのマイナス要因を「捨てる」ための言葉の使い方をご紹介します。

「チョー敏感な人」が、周囲の人に振り回され、コントロールされるのは、**「人に嫌われたくない」**との心理が働くからです。

幼いとき、両親や教師などから「こうしないと、幸せになれない」「いい成績を取らないといい学校にいけない、ゆえに幸せになれない」などと思い込まされているケースが多いものです。直接、言葉で言われなくても、「隣の○○ちゃんは、勉強ができていいわね」などと比較されたり、しぐさや態度でそう思い込まされたりしている。

親や教師など、「守ってくれる」人に嫌われると、可愛がってもらえない、不安になるので、その人の意向に従ってしまうのです。

親に嫌われたくないという傾向、考えのクセは、長じてもそのまま残り、権威のある人、自信たっぷりな人の言葉に無条件に従ってしまい、苦しむハメになるのです。

しかし、「苦しい」「辛い」と感じることは、そのことを自分の脳が反発している「むしろ良い兆候」と考えてみましょう。

脳や身体が、「もう誰かに振り回されるのは嫌だ」と抵抗し、「これ以上言いなりになっていると危険だ」と、それこそ「高感度センサー」が赤ランプを点滅させているのです。

しかし、そのために苦しい、生きづらいと感じていても、「では……」と即捨てることは難しいものです。

このとき、使うのは**「反論モード」**です。

これは、自分のこれまでの考えに、自分で反論していく方法です。

お局さまに「これやってくれない」と頼まれ、本音モードで、「いま、ほかの仕事をやっているので、これが終わってからにしてくれませんか」と応えたとします。

するとお局さまに、「あなたって冷たい人ね」と言われたとします。

あるいは、実際には口に出されなくても、そんな声が聞こえたとします。

これまでは、「私って冷たいかも」「これであの人には嫌われた」「今からでも、やっぱりやらせてください、と受けたほうがいいだろうか」と、考えがぐるぐる回りはじめます。

そこで少し間を置いて深呼吸、**「反論モード発信！」**と、脳を切り替えます。

「冷たいって、彼女の頼みをきいたときにはいい人で、頼みをきかなかったら、冷たい人なわけ？　それって、私の性格を評しているのではなく単に、彼女の都合でいい人になったり冷たい人になったりしているんじゃないの？」

「でも、彼女は職場で力があるから、仕事断ったら、周りの人になんて言いふらされるかわからない。怖い……。周りの人から冷たくされるのは怖いわ」

「でも、みんなお局さんの言うことを信じているのかしら。私と同じように感じている人もいるはず」

「第一、いまやっている仕事を終えてからじゃないと、中途半端なものになってしまう。とにかくいまの仕事に集中して、それが終わってから、まだ余力があったら、やりますと言えばいいわ」

　こんな風に、自分のなかで反論していくのです。

　このとき、あなたのなかには「やらないと嫌われる」との思い込みがあるから、悩むわけで、「やらなくても嫌われない」と、これまでの思い込みの**「逆発想」**をしてみましょう。

「反論モード！」の目指すところは、まずはこれまでの思い込みを「捨てる」ことです。

　そのためには、極論でもまずは、**「真逆の考え」**をしてみる。

たとえば、「ミスをしてしまった」↓「もう自分はダメだ」↓「皆にばかにされる」↓「この先はもうない」とのマイナスのカードを集めていったとします。

これを、「ミスをしてしまった」↓「ミスをしないと進歩はない」「失敗は成功の母というじゃないか」「ミスをしてしまったことは謝ろう。その上で、次は全力を尽くそう」と、まずはプラスのカードを集めるようにしていきます。

企画が通らなかった場合には「思った通り、この企画は通らなかった」↓「では、次にもっといい企画を考えてみよう」「どこがダメだったんだろうか」と考える。

嫌われている、避けられていると感じたときには、「やっぱりあの人は私を嫌っている」↓「でも、ああいう風に人をコントロールしようとする人に好かれても混乱、苦痛なだけだわ」と、逆に考えてみる。

マイナスに考えてしまうのは、過去に誰かに、そう「思い込まされた」だけのことです。それが真実とは限りません。それなら、逆の考えをしてみることで、まずはマイナスの考えを中和させてみるのです。

「更新！ 上書き！」

これまで様々な事例と対処法を提示してきましたが、多くは「言葉」＝「概念」の問題であることにお気づきになったでしょうか。

ＨＳＰという概念を知り、身体が楽になった。

「臆病」「弱虫」という言葉は、「慎重」「用心深い」という言葉で言い換えられる。

ある気質を長所としたり、短所としたりするのは、固定した考えに過ぎない。

「チョー敏感な人」は、その固定した考えを、親や教師から刷り込まれ、そう思い込んでいるために、自らの気質とのギャップで生きづらく感じ、苦しむ。

苦しいと感じるのは、自分の身体が、その「考え」に順応できず、抵抗しているからです。

それなら、それまでの考えを「更新！」「上書き！」することで、生きづらさから解放されるのではないでしょうか。

社会はどんどん変わっています。かつて「非常識」と言われたことが今は「常識」になっている例は枚挙に暇《いとま》がありません。

あなたの「こうしなければいけない」という思い込みは、あなただけが縛られているのかもしれません。ビジネスの世界では「これまでの常識にとらわれていては、事業の発展はない」は、いまや常識です。

ビジネスの世界では、イノベーションという言葉が盛んに使われています。

従来のモノ、仕組み、組織などを新しい考えで捉えなおし、社会に変化をもたらす活動のことです。

たとえば、これまでは「髪を乾かすため」だけに使われていたヘアドライヤーを、髪に艶を与える美容器具として開発する。

目の悪い人がかける眼鏡を、目の疲れを抑えるモノとして開発する。

これまでの「概念」を変えるために、どんどん「上書き」「更新」が行われているのです。

今や生き残るためには、変わることが必要不可欠になっています。

間違っていると感じたら、パソコンのワードのようにどんどん「上書き！」「更新！」していいのです。

「上書き」「更新」しながら、人は成長していくのです。

「課題の分離！」

これは、最近注目を集めている「アドラー心理学」が提唱する概念の一つです。

人に振り回されることの多い「チョー敏感な人」にとっては知ってほしい考えです。

「課題の分離」とは、他人の課題と自分の課題は分けて考えることです。

恋人や周りの人の気分に支配されやすい「チョー敏感な人」は、相手が不機嫌だと、なぜか自分のせいだと思い、「大丈夫?」「何かあった?」とオロオロしてしまいます。

また、子どもが勉強しないと、つい「勉強しなさい！」と叱り、「あなたのために言っているのよ」と、無理強いすることもあります。

無理強いされると、余計嫌になるのが子どもです。

「しなさい」「嫌だ」と言って喧嘩になり、「せっかくあなたのことを心配しているのに」となってしまいます。

そんなときこそ「課題の分離」。

子どもが勉強しないで困っているのは、親である自分でしょうが、実際に勉強をするのは子どもです。自分ではありません。

勉強しやすい環境を整えたら、あとは「課題の分離！」と唱え、そっと様子を見守りましょう。

不機嫌な恋人やパートナー、上司についても同じです。

不機嫌オーラを感じて気分が悪くなるようでしたら、すぐに外出するなどしてそばを離れる。相手の不機嫌を「自分のもの」として捉えそうになったら、唱えてください。

親、兄弟、恋人、パートナーといえども「他人」、自分以外の人間です。

要は「他人の人生、他人の問題に必要以上に踏み込まない、踏み込ませない」のです。

ある問題が、誰の課題か不明になるときがあります。

そんなときには、「そのままにしておいて、困るのは誰か？」と考えることです。

「勉強しないで（将来）困るのは誰か？」

「イライラして気分が悪いのは誰か？」

その上で、できる援助はする、必要な助けは求める、との姿勢は大切です。

第四章まとめ

★自分の感情や大切な人の「トリセツ」を作ってみる。
★自分や人の気持ちの「見える化」と同時に安心を見える化する。
★安心できるポーズやしぐさなどを決めておく。
★身体をゆっくり撫でることで、安心ホルモン、オキシトシンが出る。
★規則正しい生活をすることで「安心を習慣化」させる。
★自分を刺激し、落ち着かなくさせるものからは避ける、逃げる。
★人から何か頼まれて断りにくい場合はまず、
「ちょっと考えさせてください」と一呼吸置く。
★「本音モード」をオンにしても嫌われないと知る。
それで去っていく人は、いずれあなたを振り回す人と割り切る。
★「反論モード！」を頭のなかで練習する。
「冷たい人ね」→「言う通りにしないと冷たい人になるの？」→「では温かい人、いい人って、あなたの思い通りになる人？」→「それなら、別に冷たい人でもいいんじゃない」

★自分を責める、反省する気持ちを捨ててみる。

★「敏感な人」にはある分野で優秀な人が多く、それゆえ完ぺきを求める傾向がある。わずかなマイナスが気になってしかたがなくなる。

完ぺきな人は、この世には存在しない。

「ある分野」「ひとつの分野」で秀でた人がいるだけ。

完ぺきさを求めるのはＯＫですが、それが逆に苦しさの原因になっていないか。

そういう場合は、「自分は不完全だけど、よりよい自分を目指している」と、得意な分野に集中する。

★自分の心が欲しがっている言葉をしっかり覚え、何かあったときにはそれを何度も口にする。たとえば「困ったことは起こらない」「すべてはよくなる」「上書き！　更新！」他人と自分の問題を分けて考える「課題の分離！」。

第五章

「チョー敏感な人」に起きやすい10の「困った」・かんたん対処法

「チョー敏感な人」は自分より人を気にする

ここまで見てきてわかるように、「敏感な人」は、自分の気持ちより他人の自分への対し方、自分をどう見られ、どう思われているかを気にしています。

自分の感じ方に今一つ自信が持てないので、他人の言動に振り回されてしまうのです。あなたが考えたり、感じたことは、どんなことでも「あなた自身」のものです。まず、それをしっかりと確認しましょう。

ほかの人の感じ方、意見はとりあえず横に置いておいて、ある物事に遭遇したとき、「正しい、正しくない」の判断はしないで、自分はこう感じる、と再確認しましょう。たとえほかの人が違う感じ方をしたとしても、その人と自分は別の人間、「感じ方が同じ」であるほうが不自然であり、おかしいのです。

皆同じ考え方、感じ方をするのはおかしい。

人はみなそれぞれ違う。だからこそ、世の中は楽しく、いろんなことに好奇心が起きてくるのではないでしょうか。

第四章でも提唱した「課題の分離」ですね。

しかし、それでも「自信に満ちた言葉」で何か言われると、「私の感じ方、考えはおかしいのかしら」と不安になり、動揺してしまうのが、「敏感な人」です。

「チョー敏感な人」は、「自信に満ちた人」「人を振り回す人」のターゲットになりやすいことは何度確認してもいいことです。

その理由は、動揺していることが相手にすぐに伝わるからです。

誰かに影響を与えていると感じることほど、その人を得意にすることはありません。

楽器を叩いても音がしなければ、人はその楽器を叩こうとは思いません。反対に、叩いてすぐに音を出す楽器は、面白くて叩き続けるようなものです。

相手もまた未熟であるがゆえに、どんな音でも、音がすること自体が嬉しくて仕方がないのです。

この章では、「チョー敏感な人」が日常生活のなかで悩むことが多いと思われることを具体的に設定し、その解決法を紹介していきます。

しっかりと脳に刻み込み、自分軸を作るために使っていただきたいと思います。

01 就活や転職の面接が怖い

就活は、どんなに自信のある人でも怖いものです。成績だけではなく人格まで試されるような気がするからです。

これまでマイペースでやってきた人でも、それが社会的にどんな意味を持つのか、あるいはまったく独りよがりなのか、これまでの人生を検証されるような気がします。

また面接官のなかには、これ見よがしに横柄な態度を取る人もいます。

しかし、そんな人たちも、本当に自信満々で面接するわけではありません。

面接する側も試されているのだということを、まずは心にとめておいてください。

対処法

「チョー敏感な人」は、自分の特徴である「慎重」で「繊細」「細かいことに気がつく」ことを、長所と捉えてください。

組織にとって有益な人は、「何事も恐れず突き進む」人や「明るく、誰とでも仲良くできる」人ばかりではありません。

アクセルを踏む人もいれば、「ブレーキを踏む」人も必要なのです。

「この会社はこういう人を望んでいる」との思い込みを捨て、面接シートを書く段階から、自分の特徴をしっかりとつかみ、その特徴から長所をつかみ出しましょう。

面接は、自分の価値が判断されると考え、自尊心を傷つけられると恐れる人もいます。

しかし、自分を客観的にとらえるいい機会と前向きにとらえる人もいます。

面接シートを書くうちに、自分は企業で多くの人と一緒に働くことに向いていないと気づき、では何ができるだろうかと考え、別の道を見つける人もいます（↓第三章参照）。

あるいは、ものは試し、滑ってもともと、と自分を試す気持ちで受け、ありのままの自分を出したために、合格した人もいます。

要は、自分の特徴を認識し、それをあなた自身がまず受け入れることです。

面接官のなかにも、あなたと同じ「チョー敏感な人」がいるはずです。

企業もさまざまなタイプの人を採用しない限り、やせ細っていくからです。

02 SNSの嫌なコメントや責め言葉に弱い

自信満々の人の言葉に左右されやすいのが「チョー敏感な人」の特徴です。人の自分への評価によって、喜んだり、落ち込んだり……。周りの人に振り回されやすいことは何度も述べました。

人を振り回す人を、私は「悪霊」と名付けました。「悪霊」という言葉のイメージから、暗いイメージを描きがちですが、明るく、無邪気に「あなたってこうなのね」「こんなことするなんて、許せないわ」と攻撃してくる人もいます。

表立った悪意がないだけに不意打ちを食らい、「あんなにいい人」から責められたと、いつもより落ち込みが激しくなるケースもあります。

また、人の顔の見えないSNSの嫌なコメントも、いつまでも頭のなかに残ることもあります。

対処法

「こんなことをする人は絶対に許せない」「こんな考えをするなんてあり得ない」と、自らの考えを絶対視する。そういう人は正義感が強く、「いい人」が多いこともあり、責められると自分のほうが悪い、と思ってしまう。

しかし、それは本当でしょうか。

本当に「いい人」は人を責めるでしょうか？

その「正義」は絶対でしょうか？

その人の都合のいい「正義」は数多くあります。

誰かを責める気持ちには、「怒り」があります。

怒りとは、それを向ける相手を「支配」、つまり「コントロール」「振り回そう」という気持ちがあると述べたのは、哲学者であり心理学者であるアドラーです。

「泣く」「わめく」「怒る」「責める」

感情を露骨に表す人は、**「シャットアウト！」**と心のなかで唱え、次からは近づかないようにしましょう。ＳＮＳの場合はコメント欄をシャットアウトして、スルーするのが一番です。

あなたの良さを理解してくれる人、反対意見も理路整然と話してくれる人こそあなたにとって「いい人」であり必要な人なのです。

03 ミスに弱い。ミスが怖い

「ミスに弱い」。これは「チョー敏感な人」にとって大きな課題です。

第一章でも述べましたが、「ミスして誰かに叱られる」ことで、将来を悲観、うつ状態になる人、身体が硬くなってしまう人もいます。

対処法

ミスを許さないのは、上司や同僚ではなく、実はあなた自身です。

ミスしたことで何かを言われても、あなたを責めているわけではないと考えましょう。

「慎重」なあなたのことです。何かを行う前に抜かりなく準備をしたはずです。それでも起こってしまったミスなら、それはほかの人なら、もっと大きなミスになったかもしれないと考えてみましょう。

人は、その度量より大きなミスはしません。

たいていの場合、度量にあった仕事を任されているからです。

子どものときに、たとえば試験のときにミスをして、それを叱られたことはありませんか。

そこから自分の「絶対にミスしてはいけない」という考えが育っていませんか。

そんな刷り込みは「更新！」、ミスすることで新たな発見もあると「上書き！」しましょう（↓第四章参照）。

優れたアスリートは競技場でミスをしても、すぐに気持ちを切り替えると言います。

それをしないと次のパフォーマンスに支障が出るからです。

フィギュアスケートの浅田真央さんは、オリンピックのときにミスをしてしまい、あれほど期待されていた金メダルを獲れませんでした。それでも、多くの人は、その真摯な演技に感動しました。

ミスしたことがすぐに評価に反映されるわけではありません。

それを埋めるための次の動きこそが評価されるのです。

ミスしたときには**まず深呼吸、自分を癒すイメージで、脳のスイッチを切り替え**ます。

空いた穴を元気よく埋めていく自分をイメージすることで、さあ、次の作業に取り掛かりましょう。

04 人前でのプレゼンで異常に緊張する

「チョー敏感な人」は、自分を試されるのが苦手です。面接、プレゼンといった自分を試される場が好きな人のほうが少ないと思いますが、自分を静かに育てている「敏感な人」は、表立ってそれを主張する場面になると逃げ腰になってしまうのです。

対処法

信頼する人に、個人的に話しかける、説明すると思いましょう。あなたにプレゼンすることを勧めてくれたのは、あなたの実力を評価してくれたからです。あなたの考えを面白いと思ったからです。

その人に向けて話してください。

その人の姿が見えなくても、顔が見えなくても、その人をイメージして話しかけるようにします。

何度も舞台を経験している有名な俳優でさえ、舞台の前に立つときには足が震えると言います。それでも、舞台に出て、自分のセリフを口にしているうちにいつしか役に集中していると言います。

「敏感な人」は、ロールプレイ、つまり役割がはっきりしている場合はうまく適応できると言います。あなた個人が壇上に立つというより、役割として説明するのです。

またミラーニューロンが発達しているので、人のマネがうまい（↓第三章）。

役者に「チョー敏感な人」が多いのも、そのためだと言いました。

プレゼンの場合も、**自分を役者と考え、人前で演説している役だとイメージして壇上にあがる**。その上で、自分が説明すべきことに集中するのです。

プレゼンが終わっても、興奮していることが多く、眠りが浅くなるケースもあります。そのときには、オキシトシン効果を思い出しましょう。「幸せホルモン」と呼ばれるオキシトシンは遠く離れていても、電話でその声を聴くだけで、体内に分泌され、落ち着きをもたらしてくれます。

05 仲間や友達がいない、少ない

先に述べたように「爆笑問題」の太田光さんは、高校時代にまったく友達がいなかったとカミングアウトしています。

学校のなかで友達がいないのは、少し辛いかもしれません。しかし、太田さんのように、一人で黙々と自分の世界を育てていると思えば、無理して大勢でいなくてもいいと思えるのではないでしょうか。

対処法

「チョー敏感な人」の悩みは「考え方」の問題が多いことにお気づきでしょうか。**「友達は多いほうがいい」「誰とでも仲良く」といった従来の考え方から解き放される**こと。それこそが問題の解決につながるのです。

考え方を変えるのは難しいように思いがちですが、これも自分の考えは変えてはいけない、と小説やドラマなどで「刷り込み」されているからです。

ある考えに捕らわれて「苦しい」「生きづらい」と感じたら、その考えはあなたに合っていないのです。

魔法の言葉（↓第四章）でも述べましたが「逆発想」や「自分に反論」をしてみましょう。

「友達は多いほうがいい」↓「しかし、誰とでも仲良くするのは疲れるなあ」↓「でも、大勢でいると楽しそうだな」↓「本当に皆、楽しいんだろうか」↓「少なくとも仲間外れにはなっていないよな」↓「仲間になって一緒に行動するより、やりたいことがあるなあ」↓「それなら、いまは友達いなくてもいいや」

誰かと「仲良く」するためには、多少なりとも無理しなくてはなりません。

朝井リョウさんの『桐島、部活やめるってよ』という小説は、高校カースト、つまりクラスのなかで人を上位、下位というふうに分けるクラス格差の内容ですが、そのなかに「仲間に入れてもらうためには自分の好きなモノさえ好きと公言できない」女子高生が出てきます。周りに自分を合わせるのも辛いものです。

「逆発想」で「友達いない、少なくてよかった」と考えてみましょう。

あなたを理解してくれる人は、必ず現れます。なぜなら二割の「チョー敏感な人」がいるのですから。

06 好きな人ができても気おくれする

気になる人ができても、なかなか自分から近づいていけないのが「チョー敏感な人」です。好きな人ができると、人はどうしても「理想の男性像」「理想の女性像」をイメージし、自分はそれにに当てはまらないと思ってしまうのです。

対処法

「チョー敏感な人」は、お互いの役割がはっきりしていたり、今後会わないとわかっている相手、たとえば道を聞いたり、聞かれたり――相手や自分が求めていることに応えるという形ならうまくコミュニケーションができるのです。

ところがいったん、自分が興味を抱いたとなると、いきなり緊張してしまいます。

こんなときには、**「この人はまだ自分のことを知らないのだから、通りすがりの人間と同じだ」**と暗示をかけましょう。

「好かれたい」と思うから緊張するのです。

「チョー敏感な人」は直観力が優れ、一目惚れすることが多いと述べました（↓第一章）。

自分が一目惚れしたからといって、相手も同じとは限りません。

私は、大学時代に、妻となる女性に一目惚れしましたが、相手も医学部に通う学生だったこともあり共通の話題が多く、交際はスムースに進みました。

話題があれば、「敏感な人」も気おくれなく話すことができるのです。

まずは「通りすがり」の人と同じように、親切に。次には「二度と会わない」と思って自然に。そして話が合えば、「また話したい」と「何気なく」口にしてみるのです。

ダメならダメでＯＫ。無理して付き合うと、「敏感な人」はそれ自体が重荷になります。

ここは、第一章の「相性のいい人、悪い人」を読み返していただき、自分と相性の合う人かどうかを観察してみましょう。

そして、ある程度親しくなったら、自分は「ＨＳＰ」という気質があると、きちんと告げましょう。相手が、これから出会う場面で、違和感を抱いたとしても、それはＨＳＰであるからだと理解してもらうためです。

お互い、「トリセツ」を用意して交換しあうことで、より親密な付き合いができるのではないでしょうか。

07 疲れているのに眠れない

「チョー敏感な人」は、内外からさまざまな刺激を受けているため、脳がフル回転しています。そのため身体より脳が疲れています。

疲れていますが、何かあると夜になってもそのことを思い出し眠れなくなってしまうのです。

対処法

大きなイベントなどがあったときには、その日のことは意識して考えない、反省しないことにしましょう。

そのためには、脳より身体を疲れさせるために、軽い運動をするのがお勧めです。

瞑想するのもいいのですが、知人に瞑想ができない、どうしても考えてしまうという人がいます。

確かに「瞑想」や「何も考えない」ことは難しいものです。

そういう人にお勧めなのは、ある**動作をできるだけゆっくりやる**ことです。

家に帰ったら衣服を着換えますが、その一連の動きを、「できるだけ時間をかけて」やるのです。上着を脱ぐ、シャツを脱ぐといった一つひとつの動きに集中して、深く呼吸しながら、ゆっくりやる。食事もゆっくり、一つひとつの食べ物を味わいながらゆっくりとする。

現代社会では、何もかも急いで早くやることがよしとされています。それがまた「敏感な人」の負担になっていることも確かです。

私もかつて眠れないことに悩んでいましたが、それを救ってくれたのは眠りに対する考え方の変化でした。

実は「目を閉じて横になっている」だけで、すでに眠りの第一段階に入っているのです。

目を閉じると、脳への情報は8割がたカットされています。ゆったりと身体を横たえているだけで、身体の疲れの8割は取れると言われています。

横になって深呼吸するだけで、疲れは取れる。

それを知っていれば、眠れないことへの不安はぐっと軽くなるのではないでしょうか。

08 ときどき意味もなく不安や恐怖に襲われる

周りの状況は何も変わらないのに、いきなり不安に襲われることがあります。

「敏感な人」は異変を感じるのが本来の役目ですから、異変に対して敏感に感じるならわかりますが、何も起きていないときにも、不安や恐怖の感情が起きると、なぜだろうと、余計に不安になることがあります。

対処法

今まで不安や恐怖を当たり前のように思っていたため、それがなくなりそうになると、不安になるのです。

何も起きていないのに、不安を感じるとしたら、あなたは、その不安から抜け出しかかっているとも言えましょう。

「平安に慣れていない人」は、平安な日々が続くと、それ自体が不安になることがあります。「幸福に慣れていない」人は、「幸福な毎日」に不安を抱いてしまいます。

不安に慣れている人は、その不安がないこと自体に不安になってしまうのです。

これも「刷り込み」の一種です。

これまで長いあいだ、「不安」や「疲れ」と戦ってきたので、それがなくなりそうになると脳が抵抗するのです。

たとえば、「友達がいなくても平気になった」「人前で話すのがそれほど苦痛ではなくなった」など自分の敏感さがいい方向に行っていることはありませんか。

前には「友達がいない自分はおかしい」と思っていたけど、最近は平気になった。しかし、前の「友達がいない自分はおかしい」と思っていたときの自分が、「本当にそれでいいのか」「友達がいなくてもいいのか」と反論しているとします。

友達などわかりやすい例では、自分の意識の変化がわかるのですが、「不安」や「恐怖」といった深い場所にある概念は、変化しているとしてもわかりにくいのです。

元気になる前の「揺り戻し」のようなものだと、そのままスルー、流してしまいましょう。

不安や恐怖は、それに捕らわれはじめると、どんどん内部を侵食してきます。気分転換のため、散歩したり、目の前のことに集中したり、無視するのが一番です。

09 自分の子どもやパートナー、身近な人がHSP

「あれ？　この人、どうしてこんなことにこれほど驚くの？」「うちの子、どうしてこんなに臆病なんだろう」「友達ができないのはなぜ？」などと、身近な人に違和感を抱くことがあったら、それはその人（子）がHPSだからかもしれません。

自分の感じた違和感を大事にしてください。

なぜなら、HSPの人（子）は、そばにいる人がそれを理解しないと、せっかくの才能や長所を伸ばすことができないからです。

対処法

その気質を否定せず、「臆病」「どうしてこんなこともできないの！」「○○ちゃんは簡単にやっているじゃない」などと決して口にしないでください。

それでなくても怯えの強い敏感な人（子）です。あなたの言葉がたとえ正しくても、内容を理解する前に、声や言い方で、「自分は悪いことをしているのでは？」と恐怖や間違った考えを抱くようになってしまいます。

子どものＨＳＰに関しては、どれほど注意してもしすぎることはありません。その子の未来が、周りの環境に大きく左右されるからです。

とくに男の子の場合、父親が「なんて泣き虫なんだ」「男らしくない」などと「励ます」ことが多いようです。そのため、せっかくの長所がスポイルされることがよくあります。

父親がその子に厳しく当たるようでしたら、ＨＳＰかもしれないと話し合うことが大切です。そして、乱暴ではない、感受性の豊かな子として認め、できれば家族全員で「軟弱さ」や「臆病」を「優しさ」や「慎重さ」と捉える発想の転換、柔軟性を持つようにしてください。

同僚や恋人などでも、あれっ？　と思うことがあるかもしれません。

そのときには、この本をはじめ、ＨＳＰ関係の書物を読むように勧めてあげてください。

自分の身近にいる「敏感な人（子）」のお陰で、周りの人も、より広く、深い世界が見えるようになるのではないでしょうか。

ＨＳＰと普通の人の橋渡しができる人が、どんどん増えてほしいと思っています。

10 自分の子どもなのに一緒にいると疲れる

「チョー敏感な人」の子どもがＨＳＰとは限りません。

元気でエネルギーにあふれた子どもを持つ場合があります。

絶え間なくしゃべり、動き、特に男の子は活発に動き回るので、「チョー敏感な人」でなくても疲れてしまいます。まして……。

対処法

子育ては完ぺきを求めると、普通の人でも疲れてしまいます。まず、自分には休みが必要不可欠であることを自覚しましょう。

休みが必要なのに無理をすると、苛立ちストレスが溜まり、子どもに当たってしまうことになってしまいます。それでは頑張ることが逆効果になってしまいます。

パートナーに協力してもらう、誰かに頼む、どこかに預けるなど、一定の時間身体も心も休みを取ることで、エネルギーを補給しましょう。

敏感な人は親としての能力が高いはずです。子どもの繊細な気持ちに気づき、共感力が強く、何を求めているのか察してあげられるからです。

そうした親としての自信を崩さないために、とにかく無理はしない。

学校に通うようになっても、毎日のお弁当作り、親同士の集まり、ＰＴＡ、運動会……、やることは日々多く、それをこなすだけで消耗するかもしれません。

自分を「理想の親」として高い基準を設けないことです（→第四章「完ぺき主義を捨

てる」）。

「完ぺきな親はいない」と自分に言い聞かせましょう。

「お弁当は毎日作るけど、すべての保護者会に出席しない」

「運動会は子どもが参加しているものだけを見る」

活発な子は、スポーツクラブなどに参加させて、発散させる。

自分ができること、できないことを考え、できないことはパートナーやほかの人に頼む、そうしたことを子どもにもわかる範囲で理解してもらうように話す、などして無理はしないことです。

子どもの気質と自分の気質を考え合わせ、子どもにしてやれること、してやれないことを考えることで、子どもをより深く理解できるのではないでしょうか。

おわりに

最後までお読みいただきありがとうございます。

ここまで読んだ方は、ＨＳＰの悩みの多くは「言葉の捉え方」であることにお気づきになったのではないでしょうか。

「こうすべき」「こうでなければいけない」

そんな考え＝言葉に捕らわれていることから生きづらさや苦しさが生まれるのです。

自分を縛っていた考えから、まず自由になりましょう。

「正常」「普通」の幅を、ぐっと自分に引き寄せましょう。

あなたは他の人とは「違っている」のでも「変わっている」のでもないのです。

ただ、ものごとをより深くとらえようとして、より細かな箇所までわかる「だけ」なのです。

より繊細であるがゆえに、見えないもの、聞こえない音、他人の感情をキャッチしてしまうのです。

それがわかった今、あなたは大勢の人との飲み会に無理して行かなくてもいいのです。

一度にいろんなことを頼まれたとき、きちんと断っていいのです。

怖い映画や場所には行かなくてもいいのです。

疲れるのは、いつも脳がいろんなものをキャッチしているからです。それを静かな場所でシャットアウトしていいのです。


映画監督・脚本家として名作を残した新藤兼人さんは若いときに、映画の仕事がなく、知り合いの「職を探してやる」という言葉だけが頼りだったということです。

そのころ、間借りをしていた理髪屋の主人は、

「急いだらあきまへんがな。辛抱していたら運ちゅうものは向こうから向いてきますのや」と言い、こう続けたとのことです。

「気い、なごうして待つことですな」

実際、その後撮影所の仕事が見つかったのですが、新藤さんは、

「急いではいけない。人生には待たなければならないことがあるのだ」と悟ったということです。

敏感な人は、「急ぐ」「早く」「さっさと片づける」ことが苦手です。

効率至上主義の社会では、「敏感な人」のゆっくりした動き、深い考え、慎重さは「じれったい」「イライラする」ものかもしれません。

それだけに、この何年かで、「もしかしたら私ってＨＳＰ？」と感じる人が増えています。

これまでの教育が、「早く」「みんな仲良く」「失敗はしてはいけない」との考えを押し付けてきたからではないでしょうか。

しかし、時代は「スロー」の時代に向かっています。

ゆっくり、着実にやるほうが結局は成果があがることに多くの人が気づき始めたからです。

自分の敏感さに気づいた人は幸運な人です。

間違った方向に、苦しみながら進んでいたなら、修正することができるからです。

敏感さに苦しみ、生きづらさを感じている人が本書を手に取ることで、生きづらさが生きやすさに変わることを祈っています。

装丁◉原田恵都子（Harada＋Harada）
カバー挿画・マンガ◉福田玲子
本文デザイン・DTP◉桜井勝志
編集◉飯田健之

「敏感すぎて苦しい」がたちまち解決する本
HSP＝敏感体質への細やかな対処法

2017年9月14日　第1版第1刷
2020年9月10日　第1版第3刷

著　者　高田明和
発行者　後藤高志
発行所　株式会社 廣済堂出版
〒101-0052　東京都千代田区神田小川町2-3-13　M&Cビル7F
電話　03-6703-0964（編集）
03-6703-0962（販売）
FAX　03-6703-0963（販売）
振替　00180-0-164137
URL　https://www.kosaido-pub.co.jp

印刷所
製本所　株式会社 廣済堂

ISBN 978-4-331-52122-9　C0095